G

咕
噜
GuRu

发现，发声

遇见宋瓷

（修订版）

许晟 著

上海三联书店

目 录

天地有生物之心，故有宋瓷

前　言

　　在这世界上，除了情感、智慧等等无形的事物之外，可以被看见的美好物体，往往是无处不在的，比如阳光、雨露、星辰、花草，以及一切大自然的造物。在美感方面，人类的创造终究比不过自然，所以人造的材料只能次之。而在所有的人造材料里，宋瓷耗费的人力也许空前绝后，但它从不以此为荣；它的最终目标是将创造的权力交还给自然。人在自然面前的天真与谦卑，带来了宋瓷这一可以永世令人惊叹的造物。日本历史学家小杉一雄曾用一种很不"学者"的方式说道："宋代陶瓷才是贯通古今东西、人类所能得到的最美器物。"这一观点终究是可疑的，但它令人好奇："最美"可以是什么，里面有些什么，可以怎样被看见？

　　当人们去博物馆或者美术馆的时候，虽然身体走进去了，心却会被各种各样的专业知识挡在门外。"看不懂。"人们最常说的就是这句话。那怎么办？常常就只能听故事了。所以本书的主要目的，就是跟从未了解过宋瓷的人分享它的美丽之处。

　　为什么是宋瓷？

　　今天人们常常觉得美好的东西很稀有，其实不然。不仅美术馆里有那么多艺术品，还有那么多好看的影视作品、漂亮的衣服和鞋子，更不用说自然的风景、可爱的动物，还有我们时而快乐时而悲伤、时而荒诞时而平常，混杂了酸甜苦辣的生活本身……那么宋瓷到底有什么不可替代的地方？

本书所谈是那些最顶尖的宋瓷。无论任何领域，只有最顶尖的部分，才能建立起跨越时空的关联。顶尖的宋瓷有一个共同点：它们没有任何具体的纹饰，也没有任何华丽的造型，看上去都十分简洁。它们的美集中在两方面：一个是色彩，一个是质感。在瓷器发展的历史中，只有宋代的高档瓷器，对简洁的美学有着深入的理解和执着的追求；也只有宋代的高档瓷器，是以不计成本的方式，以最苛刻的标准，追求最好的色彩与质感。它们不是作为工艺品被制作的，而是作为当时最前卫的艺术品被创造的。

色彩与质感是最抽象的，也是无处不在的，所以它们的美不仅属于过去，也属于今天和未来。生活中的每样物品都有自己的色彩与质感。即便是看不见的东西，比如一种情感或者一种感觉，也常常被人们赋予色彩和质感，就像"热情"一般是红色的，"忧郁"一般是蓝色的……《蜡笔小新》里还有这样的情节——一位同学说自己肚子疼，小新就问他："是'布拉布拉'的疼，还是'轰隆轰隆'的疼？"这便是难以形容的、但每个人都可以理解的"质感"。

顶尖的宋瓷所追求的，便是用自身可见的色彩与质感，去包容这个世界带给人的、各种难以形容的经验和感受。有时候，它们就像天上的光，海里的盐；另一些时候，它们又像是枕边的充电器和洋娃娃……我想，这就是它足以让最挑剔的人也被感动的原因。对很多人来说，宋瓷的美都是陌生的，但又是可以感同身受的。它们就像是一首首从未听过却被期待已久的歌，可以让素不相识的人分享某个一闪而过的念头，或者生活中某些难以说清的部分。它们就像宋人站在人类的角度，对着这个创造了人类的世界，写了一首诗，或者发出了一声感叹。

欣赏宋瓷不是为了停留在过去，而是为了在连接古今的色彩与质感里，寻找人在现代社会中常常丢失的东西：那是一种单纯的爱美之心；或者，一种人与自然之间天然存在的、精神性的联系，一种人在自然的宠爱之中所获得的温暖与骄傲。宋瓷的美是基于这种联系而诞生的，在今天，又成为人们找回这种联系的线索和依据。

因为色彩与质感的缘故，宋瓷之美最纯粹的时候，就是它们成为碎片的时候。越是破碎，它们的色与质就越是夺目。于是，像所有的碎片一样，宋瓷的碎片脱离了实用性，用残缺的形体换取到灵魂的绽放。这本书所展示的，就是最好的宋瓷的碎片。读者甚至不用把它们看作宋瓷，而是看作一块颜色，一束光，一个音符，一阵风，或者风里飘散的花瓣……在造物的韵律里，它们都是一样的。

选取碎片还有另一个原因，就是顶尖的宋瓷实在太过稀少，不要说完整的器物，就连书中的许多碎片本身，都是极其难得的，有些碎片根本就没有相对应的完整器物存世。要把宋瓷最好的部分聚集在一起，除了用碎片的方式，也别无他法了。这也是我希望这本书做到的：让读者们一次性看到宋瓷最好的一面。

本书按瓷片的类型分成不同章节，并对每个类型和每一片样本进行了介绍。

如果说这本书有什么实用性的话，也许就是为读者们提供了一份"色卡"。眼睛是需要训练的，如果这本书所提供的视觉经验，能让读者的眼睛变得更敏锐、更挑剔，那就再好不过了。无论在什么时代，人都需要高级的色彩和质感。

附：

陶瓷小史

（前475–1279）

战国	（前475—前221）	原始青瓷（落灰成釉）
汉代	（前206—220）	绿釉陶
三国两晋	（220—420）	早期青瓷
南北朝	（420—589）	成熟的青瓷
隋朝	（581—618）	成熟的白瓷
唐朝	（618—907）	强调装饰：青瓷，三彩，唐青花 强调简洁：白瓷，秘色瓷
五代十国	（907—979）	青瓷从装饰性风格向简洁风格过渡
北宋	（960—1127）	青瓷从翠绿色系向天青色系转变 简洁美学成为主流
南宋	（1127—1279）	天青色系转变为粉青色系 简洁美学的成熟和世俗化

宋瓷的基本知识并不复杂，但任何一个问题稍加深入，都涉及许多复杂的专业内容。在此仅为希望深究的读者提供一些基本知识的导引，如有叙述不清之处，也请谅解。

陶器是由泥土定型之后烧制而成的，瓷器则可以看作陶器在表面和内部两方面的进化：表面添加了一层玻璃质感的釉料；内部的陶质由于烧制温度更高，变得细密紧致，发生了"瓷化"，从"陶胎"变成了"瓷胎"。

一般认为，最早的瓷器可以追溯到战国时期的所谓"落灰成釉"：在烧制陶器的时候，窑内偶然有草泥灰一类的杂质，随着空气的流动落在陶的表面，形成了釉面的效果。最早开始批量生产的带有釉面的陶器，一般认为是汉代的绿釉陶器。它们之所以还称不上"瓷器"，主要是因为烧制温度较低，胎骨还没有被"瓷化"，或者说瓷化程度很低。叶喆民先生曾在《中国陶瓷史》一书里详细论述了这个问题，这里就不展开讨论了。

在南北朝时期（420-589），中国瓷器的发展脉络逐渐清晰。值得注意的是，虽然陶器的制作遍布欧亚大陆的各个早期文明，但瓷器在中国的发展却成为特例。这大概就是"中国"在英语中被称为"China"的原因。"落灰成釉"，这个充满烟火与尘土气的、隐藏在细微之处的小小奇迹，大概只有东亚人懂得欣赏吧。

在南北朝时期，最早成熟的瓷器类型就是青瓷，主要在南朝疆域内的长江流域烧制。"青瓷"这一名字的由来，在于其翠绿色系的釉面，所以也可以称它为"绿釉瓷"。它与汉代的绿釉陶器，以及早期"落灰成釉"所形成的灰绿色表面，是一脉相承的。中国硅酸盐学会出版的《中国陶瓷史》，对各类瓷器的化学成分和烧成机制有着详细研究。绿釉，简单来说，是瓷器釉面最为初级的形态。假设一个人现在才开始研究烧制瓷器的方法，那么只要此人没"抄作业"，最先烧成的就一定是绿釉瓷，也就是青瓷。

南朝的青瓷解决了瓷器各种基本问题：胎质的稳定性、釉面的稳定性和耐用性、造型的稳定性，以及各种较复杂的造型工艺。在釉色方面，绿釉已经可以被稳定地烧制，但其色彩、光泽、透明度、厚度等等，并不能被随心所欲地控制，产品质量参差不齐。其中，高品质的翠绿釉产品几乎仅限于贵族和皇室使用。这时候比较著名的青瓷窑场有"岳州窑""越窑"等。

"越窑"首先是一座烧制青瓷的窑场之名。窑场一般按其所在地命名，比如越窑位于古时浙江的越州，也就是今天的上虞、余姚一带。同时，著名窑场烧制的瓷器都有其标志性特征，所以窑场名也用来称呼此处所烧制的瓷器。"越窑"因为专门烧制青瓷，而且档次很高，所以成为产自越窑的青瓷的名字。

能够以窑场来命名的瓷器，总是带着窑场特有的传奇和荣光。本书每一个章节，都介绍了某种特定类型的瓷器，除了少数例外，这些类型都是按照烧制它们的窑场来命名的。

到了隋代，位于洛阳附近的巩县窑首先烧制出质量很高的白瓷，并逐渐形成了高质量白瓷一般由北方窑场烧制的传统，与南方的青瓷传统对应，于是有了"南青北白"的说法。造成这一现象的根本原因，可以认为是各地原料的不同：北方用于烧制瓷器的泥土铁含量较低，因此经过特定的工艺和选料，就容易制作出白色的瓷胎和釉料；南方泥土中的铁含量一般较高，烧制出的产品就容易发红，进而发黄——釉料和火候更好的时候，就会发绿。青瓷就是利用了这一点。

唐代是中国的大融合时期，在文化和艺术方面也是如此。具体在瓷器上，表现为工艺技术的进一步提高，出现了自觉而非偶然的高档瓷器与普通瓷器的工艺区别。在顶级瓷器的领域，也逐渐出现了两种自觉的、美学方向的分野。第一种就是以著名的"唐三彩"为代表的，受到西域美学影响，强调华丽装饰与色彩的美学；第二种就是以"秘色瓷"为代表的，受到魏晋以来的自然与人文精神影响的，强调简洁的釉面色彩与质感的美学。烧制前者的著名窑场就是巩县窑，后者则是越窑。但是，在这两座代表性窑场的内部，也出现了美学风格的碰撞：巩县窑在烧制唐三彩的同时，也烧制以简洁著称的白瓷；而越窑的青瓷也有许多注重繁复装饰的类型。还有一个很有趣的现象，就是以白色釉面为基底，用从西域进口的钴蓝颜料来绘制花纹的青花瓷，在唐代也出现了。

到了北宋，在顶级瓷器领域，美学的分歧逐渐消失，尤其是后期天青色汝窑的出现，不仅意味着"青瓷"从翠绿色系转向天青色系，更标志着瓷器对极简美学的认定。由于这一认定，高档瓷器和普通瓷器的分野越来越明显：获得皇室支持的高档窑场，例如汝窑和建窑，以不惜成本的方式追求质感；普通窑场没有这样的条件，只能以釉面的装饰来弥补质感的不足，发明出许多以人工在釉面加工纹饰的方法。著名的当阳峪窑和磁州窑，就是以这样的纹饰加工而出名的。这样的加工当然也带有美妙而丰富的艺术性，但从瓷器工艺来说，人工的熟练度，与追求极简质感所需要的极高技术和极大成本相比，是十分易于普及的。这一体系满足了绝大部分的市民阶层需要，也诞生了许多无法以窑场名来命名的瓷器类型。这些类型只能以其工艺来区分，例如"窑变釉""绞胎瓷""白地黑花""跳刀"等等。另外，像定窑、湖田窑、耀州窑等窑场，则生产高质量的、特征明确的白瓷与翠绿色系青瓷，保持着用窑场名来为自己的产品命名的荣耀，但其美学导向却因受到成本与技术的限制而左右摇摆。

到了南宋，成熟于北宋中后期的建窑窑变釉不断发展，为宋瓷的极简美学注入了新的活力。加上官窑和龙泉窑，宋瓷终于到达了巅峰，并很快随着王朝的陨落走向终点。宋代留下的有关瓷器的文献少之又少，大概都如窑炉里的灰尘一样散落在战火中了，这也给后世的宋瓷研究留下了很多疑点。明代文人总结宋瓷有"五大名窑"：汝窑，官窑，哥窑，定窑，钧窑。但经过近年来考古研究分析，发现"哥窑"更可能是南宋灭亡后，官窑窑场在 13 世纪继续烧制出的、质量略差的仿官窑产品；而"钧窑"也很可能不是出自宋代，而是宋王朝南迁后，由占领北方的金王朝烧制的。

在宋代以后，瓷器如同绘画一样，有了固定的传统。宋代以前，瓷器还不一定能成为今天的瓷器——它首先是某种人工合成物：它的质感可以是疏松的，它可以仅仅是琉璃、玉石或金银器的替代品。宋代以后，瓷器被认为是不可取代的，它必须兼备由内而外的坚硬与脆弱，这已经被认定是瓷器的天然"性格"。在今天的人看来，不加修饰的瓷器都应该是纯色的——这也被认为是瓷器理所当然的特征。这么说来，瓷器是在宋代才成为瓷器的。

宋朝灭亡后，始于唐朝的青花瓷重新出现，以人工技法装饰釉面成为瓷器生产的主流。北宋的汝窑、南宋的官窑，直到今天仍被历代巧匠作为标杆来仿制。仿制的水平是否超过了前朝已经不重要了，因为瓷器再没有像两宋时那样，不顾一切地追求前所未见的美感。美学的发展常常如此，并无可惋惜之处，只是每每回想起来，都觉得意犹未尽。

1

年轻的外婆
越窑的秘色

本书从唐代的越窑开始，是因为越窑最为著名的"秘色瓷"预示了宋代高档瓷器的审美，从唐代之前富丽堂皇的装饰，开始朝着单纯的釉色与质感转变。

在两晋到五代的高古瓷中，越窑是青瓷的最杰出代表。它将翠绿色系的釉色表现到了极致。在人类艺术的发展过程中，没有任何其他艺术，能够像越窑这样，仅用单一的翠绿色系，就表现出无上的典雅、雍容和宗教感。

越窑的质感会给人一种莫名的亲切和安全感，同时又是那么遥不可及；就像外婆无微不至的温柔，和她那些遥远的、永远无法被完全了解的故事。所有世间的苦难都像烟雾一样从她身上升起，而她依然是一尘不染的。越窑就让人想起这样的女性。

NO.101 并不是越窑最著名的"秘色瓷"，但它体现了越窑在晚唐五代时期最为普遍的特征：翠绿而典雅的、拥有微妙灰度的釉色，坚硬与温润兼备的质感，以及精美而克制的、以釉色为主导的纹饰。

今天，"翠绿"似乎是一种单一的色彩，但在越窑，翠绿也有许多层次，或深或浅，或浓或淡。越窑的翠绿不同于植物的绿，也不同于玉的绿，而是一种属于瓷器，或者说属于越窑自身的独特质感。似乎，只有在越窑，翠绿色才达到了自己的极致。这种微妙的视觉质感难以描述，但它是可以被看见的。

NO.101 越窑粉盒盖的残片，拥有温润内敛的翠绿釉色以及克制的印花纹饰，是越窑釉色与质感的代表。

类型：越窑青瓷
产地：上林湖窑场
时代：五代（907—979）
最宽处尺寸：134.8mm

　　NO.101 采用了少见的印花工艺，细腻清晰，纹样也几乎是唐宋花卉折衷后的典型，有文献价值，也很耐看，给人温婉的感觉。它的釉色从某种程度来说并不算最典型，因为还不是那种更加鲜艳、更加亮泽的嫩绿色。但是，与饱和而张扬的翠绿色相比，它的灰度更高，因此显得内敛。这样的内敛更加符合越窑的美学路线。

　　它身上有许多精致的细节等待被发现——比如那些印花的边缘和转折，釉色在不同光线下的显现或后退，都能让视线在上面停留许久。但是，它似乎又没有给自己留下多少被欣赏的时间，它的内敛，使它一直在视线中向后退缩。

　　这样的温润和淡泊，几乎映照了在五代——这个动荡的唐宋过渡期，一切高贵的事物所必然拥有的、特殊的时代气质：不失风采，又显得孱弱而忧郁，而且是转瞬即逝的。

16

NO.102 则代表了越窑最高级的类别："秘色瓷"。在秘色瓷之前，越窑一直以釉色以及釉面的刻花、划花或者印花装饰闻名；而目前发现的、确定能够被称为"秘色瓷"的器物，最大的特点，首先在于取消了釉面的纹饰装点，仅以简洁的器型和素色的釉面示人。

其次，从色彩来说，"秘色瓷"依然属于翠绿色系。与普通的翠绿色越窑相比，其釉色的独特之处，不是来自色阶本身的变化，而是由更加精湛的做工所带来的、一种更具"现代化"气质的挺拔质感。

秘色瓷的瓷胎不仅选料更加严格，打磨的工艺也十分细腻，这就让表面的绿釉拥有了更加平滑的、借助微小气泡而产生的、由内而外的反射。这或许是其独特质感的由来。此外，这一片中心的圆弧也反映了另一个特点，就是去掉了纹饰，所有的造型元素都强调结构和比例，这就让越窑拥有了类似结构主义的美感。

从它的品质就能看出，简洁不是为了节省工艺成本的偶然为之，相反，它所花费的技术成本更加巨大，意在挑战美学高度的有意为之。这样的釉色与质感，与唐朝各个艺术领域所流行的华丽装饰背道而驰，却在北宋成为新的美学风潮。因此，说秘色瓷是高档宋瓷简约美学的开端也不为过。

同时，秘色瓷在装饰上的克制，体现出了一种理性色彩。它的翠绿几乎可以被看作一种毫无性格特点的色彩，放弃了所有自我表现的能力。它更加适合远观——在两米之外观看它，它就像莫兰迪画中的器物：既在那里，又不在那里。"秘色"的"秘"字，并不是强调它的稀有或者高贵，也不是强调它的工艺有多么高级或者神秘，而是在告诉观者：不要听别人怎么说，安静下来，回想自己心底的秘密，回想这个世界留给我们的、藏在骨子里的信息。

如果说高档宋瓷的美学来自北宋新儒家思想的影响，那么唐代秘色瓷便是受到了禅宗思想的影响：禅宗思想正是超越宗教、走向纯粹理智的新儒家的发端。秘色瓷也在抽象的色与质中，在一个宗教思想占主导地位的时代，表现出超越宗教性的独特美学，也预示了北宋瓷器以新儒家思想为主导的脉络。

这种种特点结合在一起，达成了对某种抽象精神的传递。那是一种极其有活力又极其自然、极其华美又极其沉稳的气质。看着越窑的釉面，似乎就看到了它的灵魂。对宋瓷来说，越窑就是那位年轻的外婆。

宋徽宗时期，天青色的汝窑出现以后，青瓷的美学经历了巨大的转向，从翠绿色系转向了天青色系，并由南宋官窑的粉青色系所继承。越窑不再是青瓷的巅峰，并逐渐走向衰落。但越窑对单色釉极致的追求，以及确立的青瓷高度，在很大程度上影响了宋代整个瓷器审美的走向，是宋瓷脉络里必不可少的一部分。

也有一些越窑器物，因为工艺误差等关系，呈现出偏黄的釉色。这样的器物并不能表现出越窑的本色，所以本章没有收录。另外，在南宋早期，官窑成立之前，越窑还承担了

NO.102 拥有传奇色彩的"秘色瓷"残片。所谓"秘色"，除了工艺更加精致外，更强调简洁的釉色与质感，这是对唐代以华丽风格为主的美学的巨大突破。

类型：越窑秘色瓷
产地：上林湖窑场
时代：五代（907—979）
最宽处尺寸：91.0mm

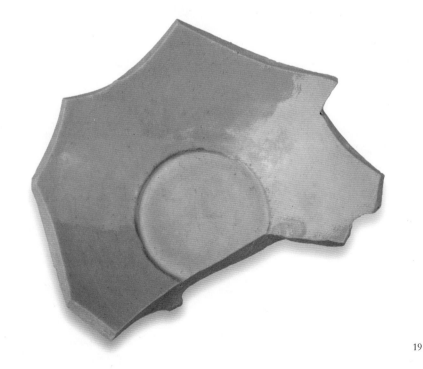

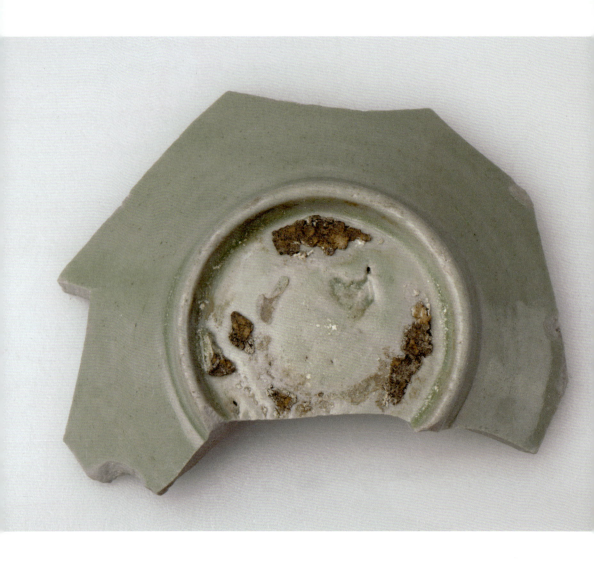

NO.102 底面

为南宋宫廷烧制仿汝窑器物的工作，烧制了一批釉面偏灰青色的作品。这部分作品虽然属于"宋代越窑"的范畴，但已经属于汝窑审美体系，而不再是经典的越窑了，所以本章也没有收录。还有一种釉色与秘色瓷极其接近，但有华丽纹饰的越窑产品，一般情况下也被称为"秘色瓷"，虽然我并不认同这种称呼，但也承认这种瓷片所体现出的品质。

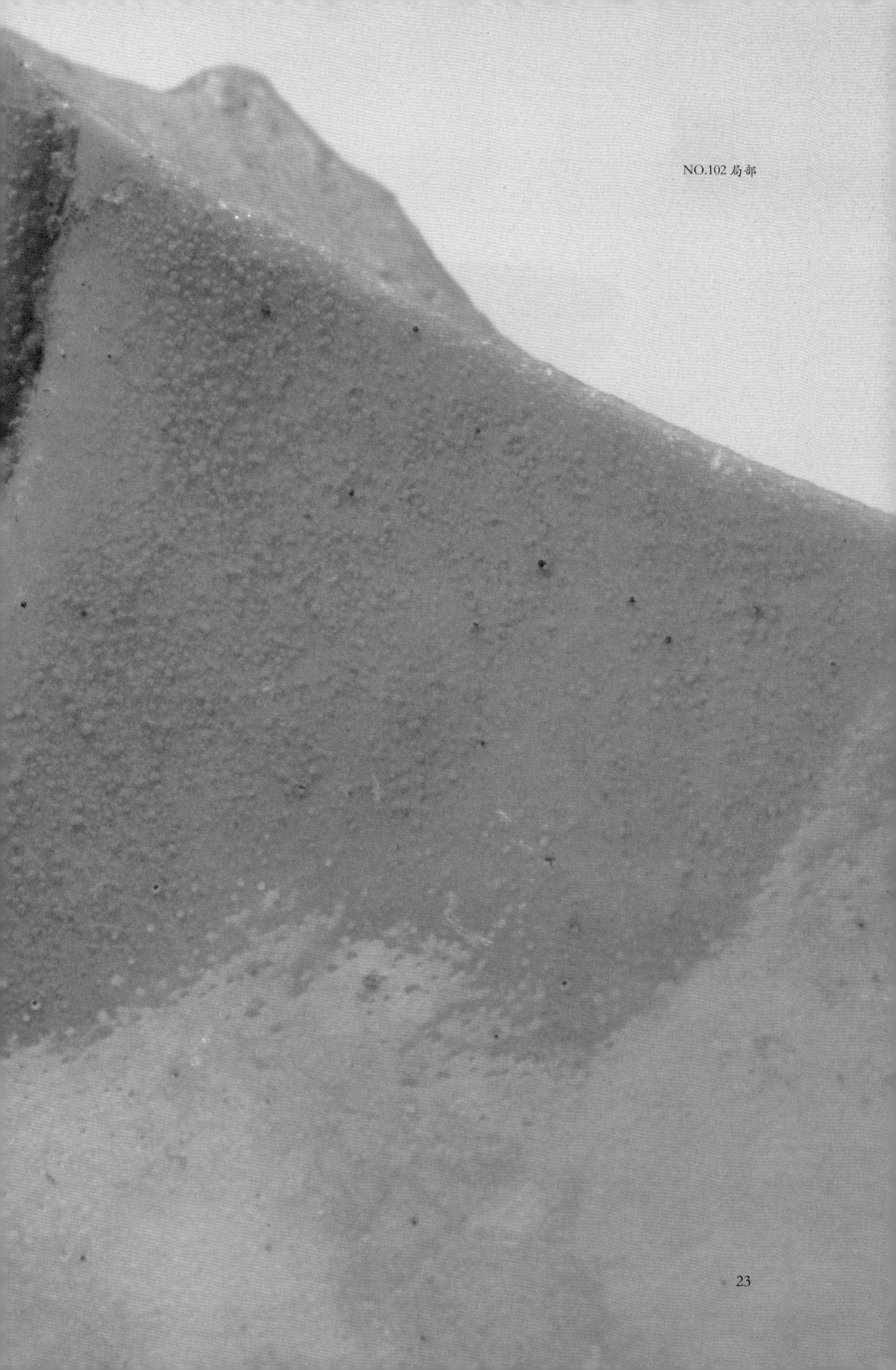

NO.102 局部

附图 101：这是造型极具代表性的晚唐越窑茶盏。底足呈环状，被称为玉璧底。釉面没有前文瓷片的质量高，色调偏灰，但工艺严谨，敲击声极其清脆。高档越窑虽然是厚胎，但质地致密，敦厚且单纯，所以有此特点。唐代茶盏通常宽大扁平，与后世区别显著。

附图 102：比越窑更早的青瓷代表是南朝的岳州窑。这只小杯就是其中的官制器物。其特点是釉面透明度高，胎骨硬朗，外侧仅上半部分施釉。釉面开片细碎，杯心有积釉。隋代也有青瓷杯与之相仿，但外侧施釉更多，高度及造型也略不同。

亢龙有悔
汝窑的天青

"汝窑"一般指宋徽宗时期烧制的、具有天青色釉面的高档青瓷。汝窑不仅是宋瓷中无可争议的最上品，而且数量稀少，所以其神秘程度和传说的丰富程度，丝毫不逊于越窑的"秘色瓷"。

　　汝窑的窑场位于古代汝州，即今天的河南宝丰县清凉寺。按照以窑场所在地区来称呼其产品的习惯，清凉寺窑场生产的所有青瓷，都可以被称为"汝窑"，或者"清凉寺窑"。但是，清凉寺窑场的大多数产品是翠绿色系的青瓷，并不是人们心目中那种最好的天青色。出于认知的习惯，今天所说的"汝窑"，一般仅指最高档的天青色产品，而清凉寺窑场生产的其他产品，则可以用"清凉寺窑"这个更宽泛的名字。

　　从美学思想的发展来说，天青色的汝窑烧制成功以后，青瓷的美学导向就从以越窑为代表的翠绿色，转向了汝窑的天青色，并且被南宋的官窑和龙泉窑的粉青色所继承。汝窑的出现，实际上改变了"青瓷"这个大类别的审美取向。

　　汝窑是公认的宋瓷魁首，如果要选一种颜色来形容整个宋代的气质，估计许多人会选择汝窑的天青色。它并没有那种出众的、令人惊叹的美。它的釉面很薄，釉色略显寡淡，与官窑的典雅或者建窑的深邃相比，汝窑的实物显得平淡无奇。最上品给人的观感往往如此。

NO.201 汝窑标准的"天青色"。所谓"雨过天晴云破处",就是这种清冷而透亮的蓝色。看起来普通,但与今天许多仿天青色的印刷设计相比,就能发现其中区别。

类型:汝窑
产地:清凉寺窑场
时代:北宋(960—1127)
最宽处尺寸:40.6mm

NO.201 就是很具代表性的天青色釉面,有浅而细碎的开片。黑色的纹饰是印花工艺,从釉层下面透出来。可以看出它的釉面很薄。汝窑几乎都是如此,如果保存条件不好,釉面很容易被土浸吞噬,大面积泛黄。这一片的开片缝隙里也有薄薄的土浸,幸好还没到影响釉色的程度。

它们在今天看起来,似乎都被时间变得木讷了一点,因此,最好的观赏方式是在阳光下。如果有一缕上午的阳光洒在它身上,它立刻就能散发出柔和而又冷艳的光彩,让人想起差不多一千年前它诞生的那个美好时代。但是,它不会发出任何怀旧的召唤,相反,它会让人发现天地间永远都存在的那种永恒之美,并因此对当下充满信心。这才是宋王朝留给我们的最宝贵的遗产。

NO.201 底面局部

32

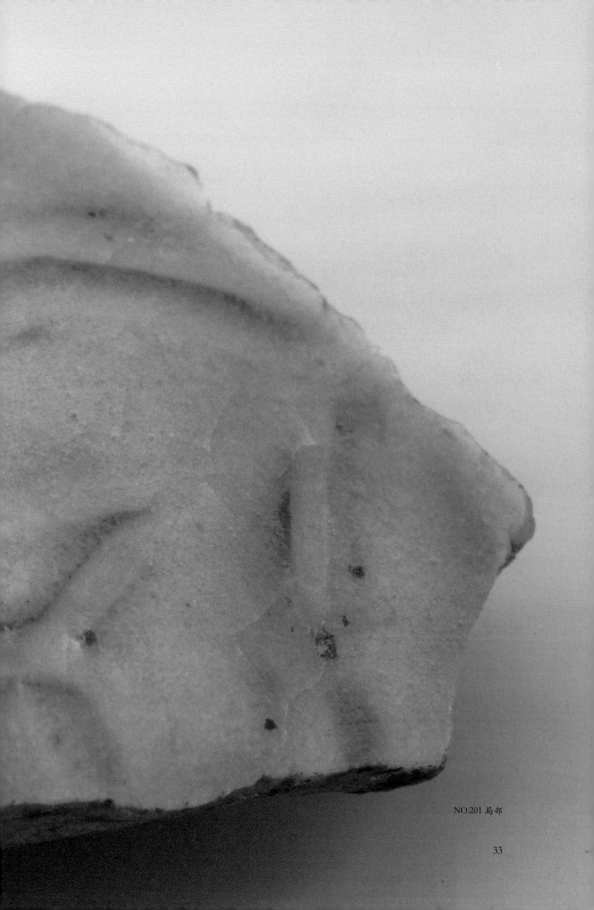

NO.201 局部

汝窑是五代北宋时期追求极致釉色的巅峰，也是南宋延续内敛气质的开端，因此，它没有五代北宋瓷器的外放与张力，也没有南宋瓷器的雍容与典雅。它不会让人的审美情绪受到刺激。

汝窑的天青色，据说最早来自五代时期后周世宗对釉色的要求："雨过天晴云破处，这般颜色做将来。"世宗在世的时候，这一釉色似乎并没有烧制出来。虽然传说中有所谓"柴窑"，也就是世宗时期的官窑，但至今并没有发现任何物证：既没有窑场旧址，也没有烧制的实物。宋徽宗似乎对周世宗的这一追求很上心，终于让汝窑把天青色烧制出来了。

"天青色"是什么样的颜色？其实，据我个人的经验，它在今天江南的许多地方依然可见——北方或许也有，但我没有见过。所谓"雨过天晴云破处"，就是在白天，下过一场暴雨之后，太阳出来了，空气湿润而明朗，天空又有厚厚的大片云层；这时候，云层没有遮挡到的天空，是普通的天蓝色，而如果云层中间有破洞，露出了一小块天空，那块天空就是天青色的。有时候，如果云层非常厚，那么在云和蓝天相交的地带，也会有大片的天青色。它似乎来自某种折射，所以当云层或阳光有变化时，那块颜色就很快消失了。我最近一次看到那种颜色是在2018年夏天的杭州——说明它是一直都会出现的。那种颜色，就是与汝窑的釉色一模一样的，冷而薄的，如烟一般的蓝色。可以说，"雨过天晴云破处"这句话看似诗意，其实是一句最为平铺直叙的、对如何寻找天青色的指引了。

这个颜色在自然界里，据我所知，似乎就只会在雨过天晴云破处出现，是名副其实的天上的颜色。但是，平日里，又有几个人会在雨过天晴的时候，注意到它？即便在后周以后的古籍里，赏花赏月者历来不少，至于赏天青者，我还从没读到过。

NO.202的釉面已经脱离了"天青"，进入"天蓝"的范畴了，属于非典型的汝窑釉色。不过，它反映了几个很典型的汝窑工艺。首先是"香灰胎"：汝窑的胎质细腻紧实，呈浅灰色，看起来几乎是柔软的，就像燃烧后的香灰一样。这一片横截面露出的胎，虽然略有土浸，但依然能看到香灰般的质感。

NO.202 汝窑当中更加稀有的"天蓝色"。明代文人将其归为最上品，但至今无法确认此釉色是烧制时有意为之，还是由于误差造成的。

类型：汝窑
产地：清凉寺窑场
时代：北宋（960—1127）
最宽处尺寸：58.4mm

　　其次是"芝麻钉"：汝窑器物一般底足都有釉面包裹，为了在烧制的时候不让底部的釉与支撑面粘连，就会用支钉将器物悬空放在窑炉里。烧制完成后，工匠把支钉取下来，器物底部就会留下支钉连接处的痕迹。从五代开始，越窑、汝窑、南宋官窑等最高档的瓷器经常采用这一工艺。其中，只有汝窑的支钉痕迹最为细小，最为精致特别，是小芝麻的形状。另外，这一片是几乎没有开片的，这一点尤为难得。

　　为什么称它的釉色为"天蓝"呢？关于汝窑的釉色，明代文人高濂有一句被广为引用的评语："天青为贵，粉青为上，天蓝弥足珍贵。"这一片就是极稀有的、"弥足珍贵"的天蓝釉。它确实不同于标准汝窑的冷蓝色，它是暖暖的蓝色，就像雨过天晴以后，没有云的时候，那大片蓝天的样子。它底足的那

NO.202 内侧局部

一面保存得更好，釉色基本保持了原样，另一面的釉面在保存过程中有损伤，看起来颜色就不那么鲜亮了。

但是，对高濂这句话中的"粉青为上"，我整体上是不同意的。首先，"粉青"这个名称是何时诞生的，是基于怎样的釉面而诞生的？据我读书的印象，它是南宋才出现的词，最早是用来形容南宋龙泉窑的——为什么不是形容官窑？因为南宋当时没有多少人能见到官窑。如果"粉青"是在南宋或南宋以后才出现的词，那么，汝窑就不存在刻意烧制"粉青"这个品种的情况了。高濂身处更晚的明代，为了用更细腻的方式，将某种灰度范围内的天青色釉面区分出来，引用了南宋之后的色彩名，将其称为"粉青"，这体现了审美的丰富。但在考古层面，显然不能反映汝窑真实的色彩取向。

而且，"粉青"这个名字本身，不仅来自色调，还来自釉面那种乳浊的质感。汝窑的釉面都偏薄，与南宋官窑的粉青质感绝然不同，这是工艺决定的。用粉青去形容汝窑因为工艺偏差而出现的任何釉色，都混淆了汝窑与官窑的基本区别。

NO.202 内侧

　　这一碎片，证明了高濂先生的"天蓝"还是言之有物的。这一小片天蓝色，依然能让人看到柔和而宽广的天空。这样的天空似乎是有感情的，让人想起那句"天地有生物之心"，而"善"也是来自这种天地"生发万物"的本能。今天的天空与高先生所见的蓝天没什么区别，所以"善"也是一直如此。天空似乎没什么好看的，一直是那个样子，但是，它笼罩着自然和世间的一切变化。

　　《周易》对乾卦的解说很有名：它从最初的"潜龙勿用"开始，到"见龙在田"，再到"飞龙在天"，最后到"亢龙有悔"——金庸先生的小说里"降龙十八掌"的招式名，就来自乾卦中的这些解说词。简单来说，它们形容了龙从潜伏到腾跃天际的过程，由此来比喻阳气不断上行的状态。那么，为何最后以"亢龙有悔"结束？

　　"有悔"就是觉得有些不妥，有点悔悟。悔悟的原因，《周易》也解释了："天德不可为首。"龙飞到最高处，成了群龙的首领，而龙又代表了"天德"，也就是天地间最大的规律；那么，这条最高处的龙，就成了"天德"的表率。可是，"天德"应该是无处不在的，不应该被任何化身所代表，所以，这条飞到最高处的龙就感到不妥了。于是，这条龙又一次隐藏了自己。《周易》还解释道："见群龙无首，吉"；也就是说，"群龙无首"

NO.202局部可以看到汝窑标志性的香灰胎。

的状态实际上是最好的状态，因为群龙的首领应该是天地的规律本身。最好的东西，到了最好的状态，就会隐匿起来，成为天地的一部分，这是世间的规律。

天青色代表了来自天地间的、自然的却又不为人所注意的美好。这样的美，不像山水、花朵，也不像月光或者晚霞，会彰显自己。天青色的美是高悬在天上，却又低调而谦和，而且转瞬即逝的。它是所有美好之物的首领。而所有美好之物的最好状态，就是不需要首领的、"群龙无首"的状态。天青色或许也是如此。

汝窑之所以是瓷器的极致，就在于它所彰显的这种来自天上的气质，以及宋徽宗和窑场的督造及工匠们对这种气质的领会。人类之艺术对色彩的发现与使用，莫过于此。汝窑的气质，源自那转瞬即逝的群龙之首，而它几乎也暗喻了汝窑甚至整个北宋的命运。

我时常想，宋瓷的简约美学，或许还有许多别的可能性，就像钧窑有巧克力一般的釉面，龙泉窑有水果般的釉面，这些美感都还可以发展个一两百年，谁也不会腻味。谁知道结束得这么快。

另一个相似的情况出现在欧洲：在"文艺复兴三杰"里，与达芬奇或米开朗基罗相比，拉斐尔最没有个性，但他的个性并没有让位给俗世，而是让位给了"完美"。18 世纪，英国画家中曾经有一个流派叫作"拉斐尔前派"，或者"前拉斐尔派"，意思是，拉斐尔把绘画做到了完美，后面的画家们便只能玩味各种屈居完美之下的趣味了；他们这个流派的目标，就是要回到完美出现之前，去寻找其他关于完美的可能性。这成了"新艺术"运动的开端。

关于汝窑的两个重要问题

首先，烧制汝窑的清凉寺窑场，出现了宋神宗年间的钱币"元丰通宝"，说明这座窑场在宋徽宗之前就存在。可以推测，在宋徽宗时期，大约是这座窑场的工艺品质很高，所以被皇宫指定来研发天青色的汝窑。

那么，清凉寺窑场是不是北宋的"官窑"呢？首先，按照南宋"官窑"的标准，"官窑"作为窑场的身份，必须符合由宫廷直接投资、建造、管理，所有产品仅供宫廷使用等条件。目前并没有任何证据能证明清凉寺窑场符合这些标准。更可能的情况是，这座窑场在为宋徽宗的宫廷生产"汝窑"的同时，也会为民间提供高品质的翠绿色系青瓷。

如果清凉寺窑场不是北宋的官窑，那么北宋宫廷是否有自己的"官窑"？根据一些古籍的只言片语，在开封城内，似乎也有过一座距离皇宫很近的，由宫廷直接投资、建造、管理的窑场。但是，如果那座窑场真的存在，它的旧址在今天也无法得见了，因为宋代开封城的遗址如今被掩埋在黄河的泥沙之下，难以挖掘。

第二点，距离清凉寺不远处还有另一座重要窑场"张公巷"，也烧制品质很高的翠绿色系青瓷。另外有极少数产自北宋的瓷器，也带有模仿天青色汝窑的痕迹。

NO.203 底面可以看到和汝窑相同的芝麻形支钉痕。

NO.203 与汝窑工艺有许多相似之处的传统翠绿色系青瓷，且拥有汝窑无法达到的轻薄和坚硬，可以将其看作传统青瓷工艺极其成熟的表现。

类型：青瓷
产地：河南某窑场
时代：北宋（960—1127）
最宽处尺寸：73.3mm

    NO.203 就是一片出处无法确定、但具有张公巷产品基本特征的瓷片。它的胎精致轻薄，釉面带有玻璃质感，底部的支钉痕与汝窑的芝麻钉一致。从这一片可以看出，在汝窑的天青色出现的同时，传统的翠绿色系青瓷在被取代之前，工艺也迈上了新的台阶。

    据考古发现，张公巷窑场在北宋灭亡之后控制北方的金王朝时期依然活跃，而且烧制出一种做工精良、釉色极其微妙、数量极稀少的淡青色青瓷，有人根据明代文献中的模糊记录，把它形容为"卵青色"。这种青瓷在气质上继承了汝窑的淡雅轻薄，但在色调上有所不同。目前，这样的瓷器被认为是为金王朝的皇宫专门定制的。可惜的是，我只见过这种瓷片，没办法把它编进书里。

3

从黄昏到清晨

无名窑场的孤独

在汝窑的天青色出现前后，北宋的瓷器工艺在整体上已经呈现出独特的面貌。在当时，最为著名的窑场还有北方的定窑、耀州窑，以及南方的建窑、湖田窑等；至于龙泉窑、吉州窑、南宋官窑等，都是在南宋才发展成熟或者刚刚出现的。在北宋的所有窑场里，最能体现整体美学面貌和发展趋势的，不是定窑——因为白瓷已经自成一体很久了；不是耀州窑——因为耀州窑的翠绿色青瓷已经处于被取代的边缘；也不是湖田窑——因为湖田窑更像是白瓷在工艺特点而非美学特征上的发展。真正重要的，是以北宋都城以及整个河南地区为中心的、许多并不著名的窑场的作品。

　　这些窑场往往不是专门生产高档瓷器的，因为北宋不比南宋，消费高档瓷器的人群要小很多，来自皇宫的资助也十分有限。许多窑场都要生产性价比更高、销路更广的产品来维持自己的运作。因为离首都近，这些窑场也愿意努力尝试更高档的产品，并有许多独特的创造，体现出对简洁美学的认知与追求。

　　比如NO.301这一片，是一件斗笠型茶盏的残器，有着被称为"紫金"的釉色和金属般的釉质。更重要的是它轻薄而坚挺的胎骨，以及锐利而潇洒的整体感。它是胎质、造型、釉质以及色彩的完美结合，很直接地反映了北宋在思想和美学领域的高度，以及对完美的苛刻追求。因为深邃，所以苛刻；极致的苛刻，变成潇洒。这样的气质，如果出现在一个人的身上，也是十分迷人的。这样的人从来不多见。

NO.301 与定窑的顶级印花一样，使用了"细白胎"工艺，对胎的选材和打磨要求很高，拥有轻薄坚挺的质感，也让釉面更加平滑闪亮。

类型：细白胎
产地：当阳峪窑
时代：北宋（960—1127）
最宽处尺寸：128.1mm

　　它的金属气质反映了宋代高度发达的工业意识，充满现代感，散发着蓬勃的生命力。它没有任何装饰，连线条和轮廓都是极其简洁的。它是一个静态的整体，就像某种冥想的对象。它的美学与工艺水平，与宋代任何窑场的著名产品相比都不落下风。

　　生产它的窑场名为"当阳峪窑"，位于河南修武一带，是对宋瓷略知一二的人才可能听说的一座窑场。这样的产品在当阳峪窑丰富的产品线里只是极少数。但当阳峪窑似乎在用这样的器物宣告：虽然无名，但如果有足够的成本，我们也可以做到。

NO.302 基本工艺与前一片一致，但釉面出现了窑变，就像点点星光。"窑变"意为在烧制过程中出现的釉面色彩或斑纹的变化。那些金属般的光泽就像来自瓷器内部，似乎这种瓷器本来就有金属内胆一样。这倒非常呼应它们身上的现代气质。

类型：细白胎窑变
产地：当阳峪窑
时代：北宋（960—1127）
最宽处尺寸：94.4mm

NO.303 与前一片的基本工艺一致，但出现了不同的窑变效果，釉色变成了青绿色。这种窑变一般属于意料之外、情理之中，具有可遇不可求的美感。

类型：细白胎窑变
产地：当阳峪窑
时代：北宋（960—1127）
最宽处尺寸：99.6mm

　　NO.303 也产自当阳峪窑，基本工艺与前两片一致。它的釉色发绿，是前一片的釉面在烧制过程中意外发生窑变而造成的，是一种变体。它的胎非常硬，

有结晶的感觉，釉面十分坚挺平滑，到今天似乎还能划伤皮肤，手感也十分坚实，极其难得。

虽然青瓷在宋代盛行，但在整个宋代瓷器的色谱里，这样的绿色却与其他所有青瓷不同，只能在这样的窑变釉里见到，犹如绿色的火焰被限制在一个很薄的维度里。它的色彩和做工都是干脆利落的，似乎有着某种来自北宋的冷傲，这种冷傲是未被规训和修饰过的，就像雨淋。

NO.303 底面

附图 301: 前文的碎片是这只北宋花口碗的一部分，大面积的青绿釉面更显深邃，可以看到釉面反光率很高，在自然光下犹如镜面。南宋官窑有造型与之非常接近的器物。

附图 302：这只北宋当阳峪花口小碟也是紫金釉，工艺与前面的花口碗十分接近，但更小巧轻薄，胎骨硬朗，只是因为太薄而失去了大部分光泽感，是稀有的薄胎当阳峪窑产物。

NO.304 抛弃了"细白胎"工艺的普通黑釉窑变，产量比前面三片更高，属于相对普遍、也更具代表性的北方窑变釉面。

类型：窑变釉
产地：当阳峪窑
时代：北宋（960—1127）
最宽处尺寸：121.9mm

　　NO.304 的胎质与前面三片不同，没有那么轻薄坚挺，仅在这一点上，就低了大约一个档次。但它用一丝不苟的方式，再现了宋人对夜晚的偏爱。

　　它的产地同样不明，一般被称为"北方油滴"，因为以河南为中心的很多北方不知名窑场都生产过同类器物。"油滴"是形容它星光闪亮的釉面，我觉得这个形容不好，它怎么能跟"油"扯上关系？

　　这样的窑变釉不算特别常见，但也不算稀有。它的工艺并不太复杂，但代表了北宋能够普及到民间的审美高度。这满天星光的感觉，似乎并不是来自深思熟虑后的审美，而是仰望天空的习惯所带来的直觉。

NO.304-2 局部

NO.304-2 与前一片工艺等级相近，是拥有深蓝色釉面和发散状窑变的釉面，较常见于北方民窑，体现了窑变釉在茶盏中的流行。

类型：窑变釉
产地：河南某处窑场
时代：北宋（960—1127）
最宽处尺寸：99.9mm

宋人是当时世界范围内最关心天文的人群，他们对天文学的贡献一直影响到启蒙运动之后的欧洲。有些史学家说宋人关心天文是为了"算命"。所谓欲加之罪，何患无辞。还有人说宋代没有科学。很简单，因为宋人没有发明"科学"这个词，宋代只有"格物致知"。"格物"不是对着一杯茶发呆，而是脚踏实地搞研究。看待历史有个基本原则：不能用今天的眼光去对比古人，而是要站在古人的立场，看他们怀有怎样的意志，如何对待这个世界。

这一片金属斑点的疏密、明暗和大小，人工无法控制，在每个器物上也都不尽相同，有的过于突出，也并不好看。NO.304 疏密有致，富有节奏感，它

附图 303：这是上述北宋窑变釉的完整器物，在还原焰中烧制而成。带有扩张感的斗笠造型十分有北宋气质，与南宋斗笠的内敛不同。釉面呈统一的蓝色窑变，带有金属质感，色泽幽深但反光率高。

NO.305 与上一片相比，胎质和工艺都略为粗糙，属于中等工艺水准的窑变釉面，但依然体现出对简约而抽象之美感的追求。

类型：窑变釉
产地：当阳峪窑
时代：北宋（960—1127）
最宽处尺寸：116.8mm

也一直在诉说着夜空对于宋人的重要性。今天，人们则习惯在夜里用手机。

　　NO.305 则像是一种超现实色彩的夜空。它以紫金釉为底色，布满了繁星般的窑变。"紫金"这个色彩几乎就是今天常说的"酱色"，所以这种釉色也被称为"酱釉"。显然，紫金更好，一种生于天地之间的大气、端庄和华丽，都被这个名字概括了。或许，这也只是我自己的想象而已。

　　它的胎质比上一片还要粗糙一些，但它的釉面有一种恰到好处的温和与干净，点点银光又像是某种遥不可及的奇迹。

NO.305 局部

它是我最初见到的瓷片之一，在那段时间，我觉得最美的宋瓷不过如此了，只要一想到它竟然来自宋代，就会有种既美好又心碎的感觉。后来，我见到了许多比它更加高级的碎片，但它依然是不可取代的。

NO.306 是一片没有星光的夜空。它代表了许多无名的北方民窑都生产过的一个重要品种：黑釉瓷。这半个斗笠盏无疑是其中的翘楚，因为黑色的深邃与黑色的光泽，这两个似乎矛盾的视觉效果，被它同时再现了出来。

NO.306 局部

NO.306 工艺水平较高的纯黑釉面，虽然没有使用"细白胎"工艺，但胎质洁白紧实，釉面平整润泽。

类型：黑釉
产地：河南某处窑场
时代：北宋（960—1127）
最宽处尺寸：145.2mm

　　这种釉质一般会搭配斗笠盏器型出现，大概是因为，普通的黑釉器物，釉面只是一种配饰；但是，斗笠盏这种器物本身就对美感有更高的要求。将斗笠盏端在手上俯视，就像凝望着另一个宇宙的入口，这就要求黑釉具备很高的质量。

　　如果是一般的黑色，它需要有足够的体积或面积，才能显示出黑的魅力；而这样高级的黑色，只需要一点点残片，就能让人进入另一个时空。当代有一位艺术家叫卡普尔（Anish Kapoor），他委托研究机构制作了一种"最黑的黑色"，只要在任何地方抹上一点点，那里就会像出现了一个小小的黑洞一般。这斗笠的黑色则让黑洞发出了光。黑色的眼睛不是黑夜给的，也无需只用它们来寻找光明。人们凝视着这样一汪黑色，可以提醒自己，到底多久没有跟黑夜好好相

NO.306 底面

NO.306-2 与前一片品质相近，但加入了人为控制的窑变斑纹的釉面。发散状的窑变是提前染色造成的，与前面几片的自然窑变不同。这种釉面的缺陷在于黑色容易失去层次感。

类型：黑釉窑变
产地：当阳峪窑
时代：北宋（960—1127）
最宽处尺寸：135.5mm

处了；又或者，在那些常见而媚俗的抒情之外，自己到底有没有仔细欣赏过夜空，有没有像捧着一只或半只黑釉斗笠那样，与夜空建立一种深刻的、个人化的、私密的关系。

在漫长的时间里，上面这些器物并没有留下如"五大名窑"那样的盛名，而是逐渐被忽视和遗忘。它们代表了北宋没有被记录的那部分繁华，而它们和那些繁华一样，逐渐被剥离了细节，只留下草率的故事和寥若晨星的物证。

这些器物中有些几乎达到了宋瓷最高的高度，有些在用自己的方式努力朝那个高度靠近，但最终失败了。它们身上那种无可奈何的瑕疵，来自对美的敬畏和信念。这种气质如今被掩埋在历史的角落里，但远比任何可以目睹的实际

NO.306-2 局部

NO.307 的局部

NO.307 以图案为装饰的釉面中的上品。宋代许多以黑白纹饰为主的瓷器属于宋代绘画和书法艺术的延伸，不在本书讨论范围之内。

类型： 白地黑釉剔花工艺
产地： 当阳峪窑
时代： 北宋（960—1127）
最宽处尺寸： 108.3mm

成就更加重要。北宋虽然是人类文明的一个黄金时代，但它被遗忘的部分，远远多于它被记住的部分。如果说那些著名窑场的著名产品是属于白天的，那么这些器物就是属于黑夜的，而黑夜拥有另一种真实。有本书叫作《东京梦华录》，本章的器物就来自那孤独而又骄傲的梦。

　　NO.307 展示了这些无名窑场更为常见的尝试。它使用了黑白两色图案装饰，这是它们在成本不足、无法集中生产高档瓷器的情况下，作出无奈妥协的代表。这种妥协后的产物依然可以在各方面压倒大部分宋代瓷器，它们只是无法完成对当时最前卫的简洁美学的表达。

　　它的工艺名为"白地黑釉剔花"：有两层釉面，底层是白釉，表层是黑釉；

NO.307-2 稀有的黑地绿釉剔花工艺，与前一片的基本工艺相似，但罕有较完整的器物存世，仅提供给有兴趣的读者参考。

类型：不明
产地：不明
时代：11—13 世纪
最宽处尺寸：51.9mm

窑工用细小的竹刀等工具，剔去表层黑釉的一部分，呈现出花卉等图案。这就要求剔下去的每一刀都有精确的深度，既要去掉表层的黑釉，又不能伤到底层的白釉，有点像厨艺比赛里的切豆腐。在这一片瓷片上，还能看到剔刀在底层的白釉上留下的痕迹。在所有黑白两色的图案装饰中，白地黑釉剔花是工艺难度最高的一种。

　　这一片的烧制温度偏高，所以白釉有些发黄；仔细看黑釉，甚至有一些地方因为温度较高而隐约显出了棕色的窑变。这些痕迹几乎让人想象出刀工、釉料与窑火交相辉映的过程。唐代的贾岛有一句写莲花的诗："千根池里藕，一朵火中花。"这片就是另一种"火中花"。

　　这一片完全没有简洁的意思，而是突出了手工与图案的趣味，但在最终的釉面上，花卉的图案依然是以釉质为基础而显现的。花卉应有的饱满与色彩，被釉面的质感表现了出来；所以，虽然颜色是黑白，花朵却依旧饱含生命力。

NO.307-3　北宋灭亡、金王朝占领北方以后，当阳峪窑生产的"红绿彩"几乎站在了宋代美学的反面，体现出王朝的更替给审美风格带来的改变。

类型：红绿彩
产地：当阳峪窑
时代：12 世纪—13 世纪初
最宽处尺寸：82.2mm

NO.308"绞胎"工艺的釉面，同样以突出手工难度、制造视觉"奇观"为主要美学方向。不难看出其中许多不修边幅之处，这意味着它已经不再被作为高档瓷器而制作了。

类型：绞胎工艺
产地：当阳峪窑
时代：北宋（960—1127）
最宽处尺寸：90.2mm

　　NO.308也产自当阳峪窑，同样使用黑白对比作为美学的基础。它的工艺名为"绞胎"：窑工像编花一样，将黑白两种胎土分开，再编织在一起，制成各种花纹，再定型，最后在表面上一层透明釉。烧制完成后，就成了现在的样子。

　　按目前的考古发现，这种工艺在瓷器上的运用是始于唐代的。唐代窑工之所以会发明这一工艺，很可能是受到了制作原理与之非常类似的西域绞胎琉璃的影响。

　　如果没有好的原料，没有好的设备和资金支持，就用手工的创造弥补质感的不足——北宋绞胎工艺和前面的双层剔花一样，都源于这一理念。它的做工有种不修边幅的感觉，尤其底足的部分，似乎反映了明显的成本不足，以及窑

NO.308 内側

NO.308-2 局部

NO.308-2 唐代的绞胎釉面，虽然与上一片工艺相同，但精致度极高；这是因为绞胎工艺在唐代还未普及，仅用于较为重要的器物。

类型：绞胎工艺
产地：巩县窑
时代：唐（618—907）
最宽处尺寸：145.8mm

工在精益求精和条件所限之间的尴尬。这也让宋代绞胎瓷有了一种特殊的顽强气质：虽然用笔在表面画要省事很多，也看不出多大差别，但它还是认定，一种由内而外的东西是不可替代的，瓷器也必须实践这一点。即便不完美，也不能回避。这是它的光芒所在。真切的美，一定是被实践，而非被形容出来的。

　　NO.308-2 是一个唐代绞胎钵的残器，工艺与前一片几乎相同，只是内外两面的釉色不同。它拥有比宋代绞胎更加慎重而精致的工艺，显示出内敛而深沉的底蕴。那些更加细密的绞胎纹理，配上它的色彩，弥漫着莫名的宗教感，令人想起敦煌壁画里的山水。它们诞生自与宋代完全不同的时代气息。

　　为什么唐代的绞胎工艺比宋代的更加精致？因为在当时这一工艺刚刚成

NO.308-2 局部

熟，显然要为档次更高的器物服务。今天也一样：一种高难度的工艺在初期总是用于更加重要的器物，等到这一工艺被彻底攻克了，重要性也就下降了，它就不会再被全力以赴地对待，气质也就无法再具备特殊的印记。

这就像电脑——今天的家用电脑性能，比当初登月计划的计算机都要高很多，但也只用作日常。但是，只有再看到那台用来登月的计算机，才能体会到一种属于特定时代的力量，一种给人无尽想象的科技感。而今天的家用电脑，虽然用了更加炫目的装饰，却只是庸常。

所以，"工艺"的价值并不是恒定的，而是要看它的时代背景。比如，今天的宋瓷仿品，即便做到跟当时的宋瓷一模一样，无论价格如何，它的美学价值都要低很多。要记得，如果一件仿品做到了跟真品一模一样，它也并不是因为自己而美丽，而是因为它所模仿的对象很美丽。它只是在成为别人而已。

这些器物带着一种孤独感，源自高不可攀之处的无奈妥协。就像一个人，如果不再追求更高的境界，对现状是满意的，也就不会孤独了。可是，如果一个人要追求更高的境界，却又求之而不得，就会感到孤独与无奈。这里说的"更高境界"并不是金钱和名利的成功，而是理想的美学境界。这些竭尽许多人一生所能而诞生的器物，在整体形式和细节上的各种缺陷，就流露出这种抽象的气质。

比起其他著名窑场的著名产品，它们受到了最多的忽视和误解，也留下了许多的疑问。其中许多器物的产地及时代，直到今天也无法得以确认。但它们用自己的实体存在，展示出了宋代美学不可或缺的一个片段。比起完美的事物，不完美的事物才真正构成了人间。但人类永远处于追求完美的过程中，并不断感受着挫败，最后能留下一点碎片的已经是佼佼者了。可是，人至少拥有对完美的想象。

NO.309 则与前面的瓷片非常不同，是一片谜一般的青瓷。它拥有非常精致的做工和简洁的美感，品质很高，仅从工艺的严苛程度来说，并不输给汝窑，看得出是翠绿色系青瓷发展到极成熟时期的产物。根据各种特征来推断，它的生产时期大约是五代或北宋。关于它的产地，我也请教了一些专攻青瓷的学者，

NO.309 拥有极高工艺水平，但产地未知，至今也未见任何同类器物存世的谜之碎片。

类型：青瓷
产地：不明
时代：五代—北宋（10—12 世纪）
最宽处尺寸：51.1mm

基本排除了它出自任何著名窑口的可能。不仅如此，在现在所有可查的瓷器收藏中，没有任何与它同类的器物或瓷片标本。所以，它就成了一个谜。

NO.309 的釉色很特别，类似橄榄色。更重要的是，它的绿釉轻薄而规整，转折处一丝不苟，整个釉面就像附在胎上的一层膜。这样的工艺看似简单，实则对整个生产线都有很高要求。比如，对胎的打磨要十分严谨细致，保证结构的严谨。不仅是打磨，即便胎土的选材不好，密度不均匀，烧制时稍有变形，也会影响釉面的平整度。这是典型的追求极致的高难度工艺。可是，这么好的东西，却不知道是哪里来的，连同类都没有了。

NO.309 底面

NO.309-2 与上一片一起被发现的同类碎片，由笔者一位朋友的父亲早年在地摊上觅得。

类型：青瓷
产地：不明
时代：五代—北宋（10—12 世纪）
最宽处尺寸：51.6mm

NO.309-2 局部

雪色梦游

定窑的白花

4

"定窑"作为窑场的名字，是指位于古代定州（今天河北曲阳县一带）的著名窑场，以高质量的白瓷以及精美的印花或划花工艺闻名。这座窑场生产的瓷器，也就被称为"定窑"。

　　定窑白釉的质感自然是它的标志，同时，它表面那些潇洒的划花与繁复的印花，又与高档宋瓷的简洁风格相悖。这是定窑最特别之处。为什么会这样？这要先从没有纹饰的定窑说起。

　　NO.401 就反映了定窑的白釉特点。抛开瓷器市场包装的渲染，它最大的特点就是没什么特点。它的白是一种温润的白，釉面细腻紧实。如果说黑色能让人想起黑夜的种种意象，白色却不能让人想起白天，因为白天是五彩的；如果我们非要赞美它的釉面 "类银似雪"，那仅仅是因为我们喜欢的是"银"和"雪"，而不是它本身。

　　白色是包容一切的颜色，是最没有态度和表情的颜色；白色也有很多微妙的变化，但这些区别常常被人忽略，除非它的面积被放大。这片白色很适合被放大。如果它变成一个房间，就会是一个温和的、能够包容和安抚各种情绪的房间。它无法代表宇宙，因为宇宙是黑色的；它也无法代表那种能与黑暗对抗的光亮，因为它是不发光的。它不带来任何刺激、任何情绪，这是习惯了现代审美的人难以发现的。

　　在今天，白瓷几乎成了瓷器的基本形态，似乎瓷器的最基本款就应该是白色的。比如人们去宜家买一个瓷盘，如果买最"素"的，那么就买白色的。可

NO.401 标准的定窑纯白色釉面。

类型：白瓷
产地：定窑
时代：北宋（960—1127）
最宽处尺寸：74.8mm

是，在隋代，素面白色的瓷器，却是当时最高级的瓷器了，只有掌握了最高技术的最好窑场才能够烧制成功。简单来说，能让釉面变得够白，就已经很不容易了。这是由白釉的原理决定的：白釉的烧制需要高纯度的高岭土，这种土含铁量很低。只有掌握了高岭土的开采和加工技术，才能烧制出白瓷。

这与青瓷的发展很不同。青瓷的翠绿色，几乎可以说是自然界赠予的。最早偶然烧制成功的瓷器是战国时的青瓷，据说是一些类似釉料的灰落到了烧制陶器的炉子里，形成了绿色的釉面。这说明，最容易制造的釉面就是绿色的——也就是说，青瓷是瓷器最基本、最天然的样子，瓷器技术一定是从青瓷开始的。战国时粗糙的青瓷出现，到汉代和南朝重视纹饰和雕塑的外形，逐渐发展到唐代，青瓷的工艺已经十分成熟了。那时的瓷器设计师压根就没有想过，纯粹的翠绿色釉面有什么特别的美感；他们觉得，瓷器当然需要华丽的装饰才算高级。

正如本书第一章所呈现的，直到唐代，随着思想和美学的发展，越窑才有了以釉色和釉质为重的、简约的秘色瓷，开启了瓷器美学从华丽到简约的转变。也就是说，青瓷从繁复走向简约，是一种主动的美学选择。

最早的白瓷产品则不同，它在刚出现的时候，就特别突出釉色和釉质的美感，尤其是造型简约的透影白瓷，几乎已经是白瓷的巅峰作品。因为在那个时候，"白瓷"本身就代表了一种新颖的创造，它是瓷器的一次技术突破。而由新技术生产的产品，往往本能地就要突出本身的质感——比如今天，如果有了陨石材质的茶杯，它一定不会加入什么装饰，而是要突出陨石材料的质感本身。直到陨石材料普及了，人们才会想：是不是应该加入点装饰？

所以，定窑不喜欢再做素面的白瓷，因为这样无法与前朝的创造拉开距离。毕竟，白色就是白色，它不像青瓷那样，可以从翠绿色发展到天青色，再从天青色发展到粉青色……白色只有"够白"的白色和"不够白"的白色。最经典的"类银似雪"的白色釉面，在隋代就已经完成了，没有什么改进的空间。所以，就像出于天然的叛逆心，定窑痴迷于釉面的划花和印花技术，尤其印花，简直到

NO.401 底面

了无所不用其极的程度。

　　NO.402 反映了定窑典型的印花工艺。定窑的装饰工艺主要有划花和印花
两种，而印花是它最为特别的标志性工艺。这片的印花并无太特殊之处，只能
说质量上乘，图案的边角分明。与上一片相比，它的釉色偏黄偏灰，但代表了

NO.402 "印花"是指用刻好的模具印制图案的工艺。本书并没有涉及定窑的"划花"，也就是用手工划出的纹饰，因为定窑的划花并不如印花那么有代表性。

类型：白瓷
产地：定窑
时代：12—13 世纪
最宽处尺寸：96.0mm

定窑釉面的平均色彩状态。单独看，并不会觉得它"不够白"，但如果与前一片相比，就显得黄了。印花图案的轮廓边缘要更白一些，这是工艺带来的特点，也使得整体图案看上去更加晶莹了。

可以看出，印花的纹饰并没有抢走釉色本身的主导性，整体的美感依然是以釉色和质感为基础的。从视觉上来说，这些图案都被溶解在一团白色的光晕里，稍远一点就看不太清，就像梦境被努力回忆起来的状态。

NO.403 代表了定窑最高品质的釉面与印花，不仅做工精良，虬龙和狮子舞绣球的图案也是当时不可僭越的皇家级别。今天来看，图案的内容并不如它的视觉感受那么重要。

类型: 白瓷
产地: 定窑
时代: 12—13 世纪
最宽处尺寸: 139.9mm

    NO.403 代表了定窑的顶级水准，无论釉色、质感还是印花的质量，都是如此。从图案和工艺就能看出，它属于南宋宫廷向窑场定制的产品。一般这类产品被称为"官定"，也就是只有宫廷才能使用。它的图案仿的是青铜器的卷云和虬龙纹，中心是狮子舞绣球。

    它的颜色是一种很晶莹的白色，与第一片相比更加温润细腻；同时釉质和胎质似乎也与普通定窑略有不同，它的胎很薄，质地干净，可以透光。与没有图案的素白色相比，似乎白色的底加上同色的图案，这种若隐若现的感觉，能更加透彻地表现出白色。花纹，只依靠凹凸的表面来区分出细腻的不同，构成

NO.403 局部

一片白色当中的华丽图景。这样的图案会吸引视线不断进入，让瞳孔不断放大，就像观看一场白色的梦。

如此，那些装饰纹样不是任何冗余的、基于精致或奇观的审美，而是对白瓷质感的最后挑战。在顶级的定窑里，那些穿梭于卷云间的虬龙、追逐绣球的狮子，不是在突出工艺，而是白色本身的话语。定窑总被用"古典"的眼光看待；其实，换一个角度，它们就像出自繁华尽头的朋克式的狂欢。

进入元代以后，白瓷的工艺更加成熟。正如本书的前言所说，整个瓷器工业也逐渐从创造性的、代表了一个时代的工艺与美学之前沿的器物，变成了依附于既有的"瓷器"传统的、炫耀技法的工艺品。在这个时候，"白瓷"工艺就最适合成为各种釉面装饰的基础，例如青花等等。由此，"白瓷"成为今天最标准、最普通的瓷器的代名词。

NO.403 底面

定窑，无论其今天声名如何，都更像是白瓷在美学上无可进步并步入衰败之初的挣扎、不甘与怀旧。这听起来是一种批评，但是，也就是因为这般对旧梦的坚持，那些刻花、划花与印花图案才以某种无可奈何的姿态，彰显出自身的独特气质。

附图 401：中国古代白瓷最早的代表是隋唐时期河南巩义的白瓷，一般称为巩县窑或巩义窑。这件名为参斗的茶具就是盛唐时期巩义窑的代表。其特征是高岭土烧制的白胎，经透明釉显现。釉面细碎开片之后，如粉雪一般。

附图 402：这是一件唐代巩义窑白瓷小杯，工艺与前一件不同，釉面并非透明，而是白色，开片较少，与后世白瓷工艺更加接近。许多唐代瓷器造型都由金银器演变而来，此件亦是。

祈祷的回报

官窑的灰

5

"南宋官窑"，是指由南宋皇室投资、建造，直接管理，专门烧制祭祀器物和皇宫生活用品的窑场。窑场有两处，一处名为"老虎洞"，一处名为"郊坛下"。这两处窑场烧制的器物，也被统称为"南宋官窑"（简称"南官"或者"官窑"）。简单来说，它代表了南宋瓷器的最高水准。

　　"南宋官窑"最初是在努力恢复北宋灭亡之前宋徽宗时期最好的"汝窑"的样子。"汝窑"是一种记忆中的完美，官窑对它的复制，也是出于对故国的思念之情。可是，原料不同，气候不同，匠人不同，心境也不同了。无论如何，"汝窑"的完美都无法被复制。它就像逝去的时光，再也追不回来；也像逝去的故国辉煌，无法重现。

　　南宋对北宋的追忆，以及南宋官窑对北宋汝窑的追忆，融合在了一起。在这个世界上，没有任何一种器物像南宋官窑那样，从做工、材料到成品、气质，从内而外都弥漫着对求而不再得的过去的追忆。也许每个人都有那样的回忆，但并不是每个王朝都有。

　　它诞生的过程也总是被无尽的失败包围着，再也没有工匠能体会到如此确切的、用接近祈求与牺牲的方式，去换取美的过程。如果说汝窑诞生在完美的时代，那么官窑就诞生在一个充满残缺的时代，它因此获得了某种遥不可及的、崇高的忧郁。

NO.501 官窑粉青釉的上品，表面有磨砂质感，因此色彩温润。它并非最标准的粉青釉，而是"典型而不标准"的。

类型：官窑
产地：老虎洞
采集地点：南宋皇城遗址
时代：南宋（1127—1279）
最宽处尺寸：96.7mm

它的美感是极其简洁的，除了造型，就只靠通体一致的单一釉色和釉质来传递。越是简洁的美感，越要以极高的工艺难度为代价。比如，它需要用紫金土作为胎的原料，而这种土在高温中很容易变形；偏偏官窑又需要多次上釉，多次进炉烧制，于是每次烧制都令人心惊肉跳。不仅胎体容易变形，釉色也很难控制，稍不注意，就算不变形，也会变了颜色。

所以，官窑的次品率极高。运气不好的时候，合格品连万里挑一都做不到，以至于无论怎么努力，即便设立两处窑场，也满足不了皇宫里原本不大的需要。官窑本来只以"粉青色"为合格产品，到后来，也不得不接受月白、米黄等等因为工艺偏差而衍生的色彩了。

南宋官窑无法复原汝窑的"天青色"，就转而将"粉青色"作为最高标准。"粉青"是一种蓝中泛青的感觉，几乎只用于形容南宋官窑和龙泉窑。这种"粉"不是"粉红"的粉，而是一种轻盈、透明而又温润的质感。

比如 NO.501 这片粉青色釉面就很具代表性。记住它的色彩，就能够领会"粉青色官窑"的样子。在各种气质不同的粉青之中，它是穿透人间百味之后，有了沧桑感，却仍不失典雅与娇贵的粉青。

NO.501 内侧局部

NO.501 内侧局部

NO.501-2 较为透亮的粉青釉面，上面的白色斑点是后天保存条件所致。

类型：官窑
产地：老虎洞
采集地点：南宋皇城遗址
时代：南宋（1127—1279）
最宽处尺寸：41.2mm

　　它的釉色有亚光质感，开片稀疏而细长，显得沉稳而内敛。这种亚光质感与普通的粉青色官窑不同，不知道是什么原因造成的：也许是烧制完成后就已如此，也许是后天保存条件让它褪去了光泽。在这一点上，至今没有科学的判断方式。釉面的细长开片呈淡黄色，估计是在长年的保存过程中，泥土或者灰沙里的杂质进入开片的缝隙，逐渐沉积导致的。

　　另外，这片碎片是一个圆形粉盒的底部。底部的圈足内侧也施了薄薄的一层釉，呈半透明的状态，已经可以看到釉下的黑色胎土。于是，圈足就很自然成了黑色。

NO.501-3 这一片粉青则是最常见、最没有性格的一种，最能代表"粉青"给人留下的普遍印象。龙泉窑的粉青釉面也与之接近。它的釉面张弛有度，保存完好，除了碰撞导致的裂缝以外，本身并没有开片，这是极其难得的。可是，它似乎把自己封闭在"粉青"的框框里面了，并不如其他几片看起来有性格。完美的不是粉青，而是粉青所代表的、追求完美而不得的气质。过于标准的粉青，反而显得止步不前了。

NO.501-3 官窑粉青釉最为规范和标准的色彩与质感。由于过于"标准"，它反而失去了活力，但标准总是需要的。

类型：官窑
产地：郊坛下
采集地点：南宋皇城遗址
时代：南宋（1127—1279）
最宽处尺寸：59.1mm

NO.501-3 局部

118

NO.501-4 官窑粉青釉的另一种状态，更加偏"粉"。这种"粉"不是"粉红"的粉，而是一种轻盈透明的质感。

类型：官窑
产地：老虎洞
采集地点：南宋皇城遗址
时代：南宋（1127—1279）
最宽处尺寸：42.8mm

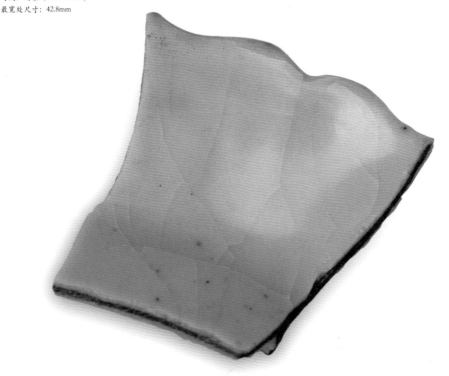

　　NO.501-4 比上一片略偏蓝一些，气质显得阳光许多。它的横截面完整地展示了官窑的上釉工艺。明代人形容南宋官窑有"紫口铁足"的特点，意思是口沿呈棕色，底部圈足呈黑色。

　　其实，并不是所有南宋官窑都有这个特征。口沿和圈足有不同颜色，是因为在釉面最薄的地方透出了黑胎。明清时代也制作过仿南宋官窑的产品，口沿和底足常常为了模仿这种效果而刻意上色，这就违背了官窑浑然一体的特质。最美的东西，一定没有任何迎合趣味的加工，而是浑然一体的。

　　这种浑然一体不需要任何理由，就像春夏秋冬组成了四季的循环，天在地的上面，而海洋是蓝色的……

NO.501-4 側面

"浑然一体"也体现了制作官窑的材料本身的要求。每一种材料，都有自身的独特意志，当它的特性被人力提升到极限时，这种意志就会显现出来。官窑那些不可控的、微妙的工艺偏差，以及釉面各种意料之外的效果，与其说是人力的误差，不如说是材料自身意志的显现。

　　NO.502的颜色略有不同，也属于"粉青"的范畴。它两面的开片状态不一，一面更加细密，开裂的节奏更快，另一面相对缓慢一些。在漫长的年月里，它的两面一直在以不同的方式变化着。

　　这一片更大的特点在于铁红色的开片，明代文人将其形容为"鳝血"。在明代人对宋瓷的品评中，粉青的釉色配上鳝血色的开片，是宋代官窑的上品。这一品评其实是失之偏颇的，因为这种"鳝血"开片，极大可能形成于制成后的保存过程中：其铁红的色泽，是由泥土或灰尘中的某种元素渗入开片发生化学反应而产生的。它是时间的产物，而非宋人在制作时的追求。不过，本书还是将它单独列出，至少它作为典型，能呈现明代人眼中最好的宋代官窑的状态。

NO.502 拥有铁红色开片纹的粉青釉面。所谓"开片"是釉面轻微裂开形成的纹理，一般是由于釉面与内胎的膨胀率不同导致的。

类型：官窑
产地：老虎洞
采集地点：南宋皇城遗址
时代：南宋（1127—1279）
最宽处尺寸：61.9mm

　　明代人似乎普遍喜好曲折而有显著妙处之物，比如这铁红色。但在宋人眼里，它或许会显得过于刺眼。宋人喜欢的是不显著的天工。铁红色的开片更像是时间留下的伤痕，是带着痛感的。有痛感当然是好的，若能优雅地掩盖下去，而不是把它当作美去刻意彰显，或许更好。

　　总之，"粉青"作为一种颜色，并无绝对的标准，更多的是对一种印象的形容。同样是"粉青"，有的温润，有的华贵，有的轻佻，有的生涩……其中的微妙，

NO.502 外側

还是留给读者自己慢慢体会为上。有趣的是，这些微妙的粉青色，观赏的时候觉得其特点明确，但如果几日不看，就回忆不出来了。

NO.503 的颜色很难归纳，可以称为"灰蓝"。官窑最具代表性的釉色是粉青色、月白色以及米黄色。这片却不属于其中任何一种。在官窑的烧制过程中，经常会因为窑内环境的微妙变化，使釉色产生偏差，其中大部分会产生不均匀的、渐变的或者杂乱的色彩，因而成为残次品。而这一片的发现地点是皇宫旧址，也就是说，它是被当作合格品投入使用的。

它的颜色虽然不标准，却是非常均匀而特别的。它在粉青和月白之间，呈现出灰度很高的浅蓝状态。同时，它的开片呈棕黄色，开片的转折也有不少棱角，粗细适度，就像叶脉一样。这样可遇而不可求的美感，谁若是还将它当作残次品来对待，实在是暴殄天物。

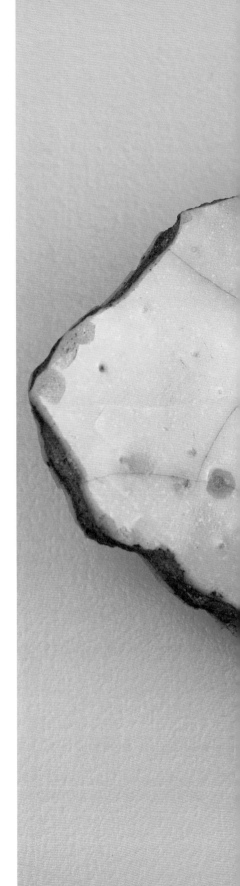

NO.503 非典型的"灰蓝色"釉面，拥有像叶脉一样的开片纹。南宋官窑由于工艺复杂，偶尔会出现这样意料之外且难以复制的"天作"。

类型：官窑
产地：不明
采集地点：南宋皇城遗址
时代：南宋（1127—1279）
最宽处尺寸：61.2mm

NO.503 局部

129

NO.504 更浅的"灰蓝色"釉面。官窑釉面在灰度上的变化极其丰富而细腻，这一片的美感由微妙的色感而来。

类型：官窑
产地：老虎洞
采集地点：南宋皇城遗址
时代：南宋（1127—1279）
最宽处尺寸：80.5mm

　　它有黄昏时天的感觉。有句歌词是"天早灰蓝"，形容下午的最后，暮色准备降临，夕阳还未至。这一片就像那个时刻，"想告别，偏未晚"的时刻。想告别，是因为留下了恰到好处的印象，并肩而行的良人，正期待着告别后的想念。

　　NO.504是另一种灰蓝。它也呈现非典型的釉色，颜色更浅一些，接近灰色。釉面的气泡均匀而明显，开片细碎，有层次，像碎冰一样。同时，开片是典型的由内而外，并未透到表面，让表层的釉面保持了封闭状态，避免了杂质侵入。因此，开片处就只是裂缝，并没有其他的颜色。这样的釉色更能体现官窑色彩的丰富。由于出自偶然，所以它的稀有度与标准的粉青比起来也有过之而无不及。

NO.504 底面局部

NO.504 底面局部

NO.505 侧面可以看到多次上釉的痕迹。

NO.505 完全褪去了色彩的纯灰色釉面，带来另一种单纯而充满韧劲的美感。

类型：官窑
产地：不明
采集地点：南宋皇城遗址
时代：南宋（1127—1279）
最宽处尺寸：69.5mm

　　与NO.503一样，NO.504也被看作合格品。它也是偶然出现的、非典型的、难以复制的釉色。这一片的色彩很容易被留意，它有一种细腻而敏锐的折衷感，令谁看了也不会厌恶。它因此少了一些锐气，却也是可爱的。如果用《红楼梦》的人物作比，它就像是薛宝钗：一个人，既不能做自己，还要能显出自己的独特气质。

　　NO.505比前一片更灰一些，几乎完全褪去了蓝色。如此鲜亮而单纯的灰色是十分少见的。它的釉色像是有意为之，但也可能是烧制过程中的色彩流失导致的。这一片也发现于皇城范围内，是作为正品被使用过的。

换个角度看，无论什么釉色，官窑的色彩都统一在某种高级的灰度当中。那么这种灰，在某种层面上，也算是官窑的本色。这灰色里融合了刚直与醇厚，倒像是君子的颜色。它的造型有很多曲折，用手抚摸能发现它的骨骼硬朗，每一处凹凸都很有道理。这倒与它的色彩很是呼应，都是直来直去，没什么隐藏的。

　　这一片的表面很有光泽，釉面几乎没有任何受损，说明保存条件很好。在漫长的八百年岁月里，它恰好待在一个比较密封的小环境里，没有可见的氧化，也没有任何泥土、灰尘或者水的浸泡痕迹。它的开片是典型的由内而外，没有生出表面，所以釉面像裹了一层玻璃一样，十分干净。

NO.505 内侧局部

NO.506 底面局部

NO.506 与"粉青"相对的另一种"月白"色釉面。与纯灰色釉面的区别在于，会因为气泡的折射而微微发蓝，极其微妙，以至于照片难以反映。

类型：官窑
产地：老虎洞
采集地点：南宋皇城遗址
时代：南宋（1127—1279）
最宽处尺寸：79.1mm

　　NO.506 是著名的"月白"色。这是一种白中略微泛蓝的色彩。若仔细观察实物，这一片也是微微泛蓝的，但照片上几乎看不出来了。单纯从颜色上看，它与前一片灰色釉面是很接近的。不同之处在于，它的表面气泡很明显，灰色也是偏暖的。

　　前面的 NO.504 也可以归入"月白"范畴。官窑的色彩分类，并没有什么严格的标准，或者说，"粉青""月白""灰蓝"，这些名字本身，就突出了它们与个人印象之间的深刻联系，超过了任何可以量化的色卡。

NO.506 内側

NO.506-2 另一种近似"月白"的釉面，由于釉面很薄，特征并不明显。

类型：不明
产地：老虎洞
采集地点：不明
时代：南宋（1127—1279）
最宽处尺寸：49.5mm

在明代人对宋瓷的品评中，"月白"是排在粉青之后列第二位的。可是，从发现的实例和文献来看，宋人并没有刻意烧制某种特定"月白"釉面的痕迹。所有的"月白"釉面，似乎都是偶然烧制而成。

"月白"一直是谜一般的颜色。月亮不应该是白中泛黄吗？有时候月亮也会泛红。但"月白"为何是白中泛蓝？宋人的色感真是难以琢磨。

NO.506-2 白中泛蓝的特征更为明显。不过，这一片牵扯到一个更为重要的话题，就是"官窑"与"哥窑"的定义问题。首先，南宋官窑的老虎洞窑场直到元代仍在生产，这是考证出来的事实。其次，对于明代人所总结的"汝、官、哥、定、钧"这宋代"五大名窑"，其中的"哥窑"，按目前更为合理

NO.506-2 底面局部

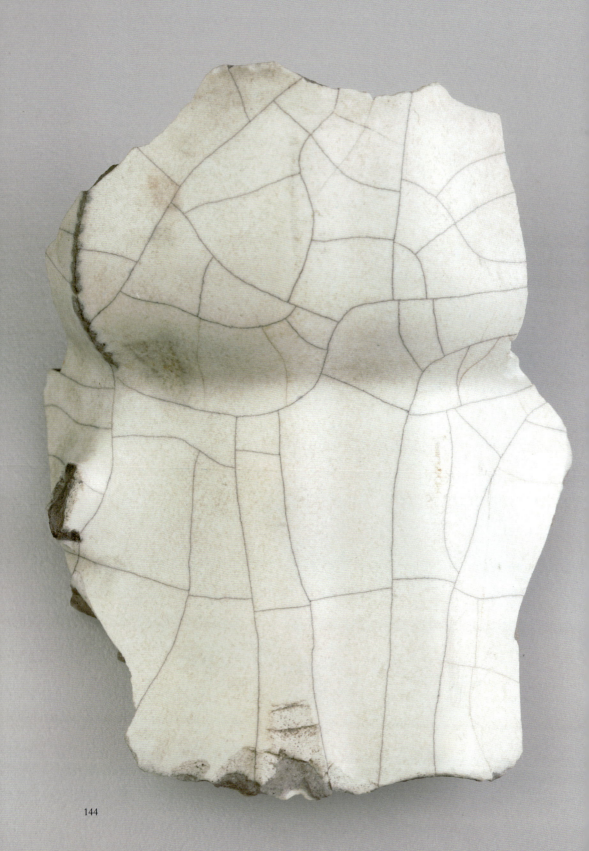

144

的论证来看，是元人在老虎洞继续生产的产品。也就是说，"哥窑"是作为南宋官窑的元代仿品而出现的。由于继续使用同样的窑场，技术也有继承，导致官窑和哥窑十分接近。虽然"五大名窑"的说法已经深入人心，但严谨的精神用在考古研究中总没有坏处。NO.506-2 特征上就更接近"哥窑"而非官窑。

NO.507 则是典型的南宋官窑。它兼具冷峻与温润的气质。这来自非常复杂的原因，属于典型的"不规范"釉面。它本来是粉青色，由于保存条件的问题，表面发生了白化反应，所以现在看上去就成了白色。这是时间的创作。

从细节图片还能看出，在表面的白色之下，有如同被极细密的棉纱覆盖着的、隐约透出的粉青色。那才是它的本来颜色。官窑是多次上釉，釉面都有一定的厚度，它现在只剩最底层的部分粉青釉没有被白化。至于为何会发生白化现象，目前只能推测是釉面在特定的保存环境中发生了类似钙化的化学反应。

它的部分区域有明显的浅薄黄色，是泥土或泥沙中的杂质渗入后造成的，也就是所谓的"土浸"现象。至于釉面表层的浅浅油光，已经不是釉面本来的光泽了。据推测，可能是因为保存环境的影响，让釉面被重新赋予了一层光泽。

← NO.507 在漫长的时间和特殊的保存条件下，由粉青蜕变为冷白色的官窑釉面，拥有独一无二的冷峻气质和书法般的黑色开片纹。

类型：官窑
产地：老虎洞
采集地点：南宋皇城遗址
时代：南宋（1127—1279）
最宽处尺寸：83.3mm

146

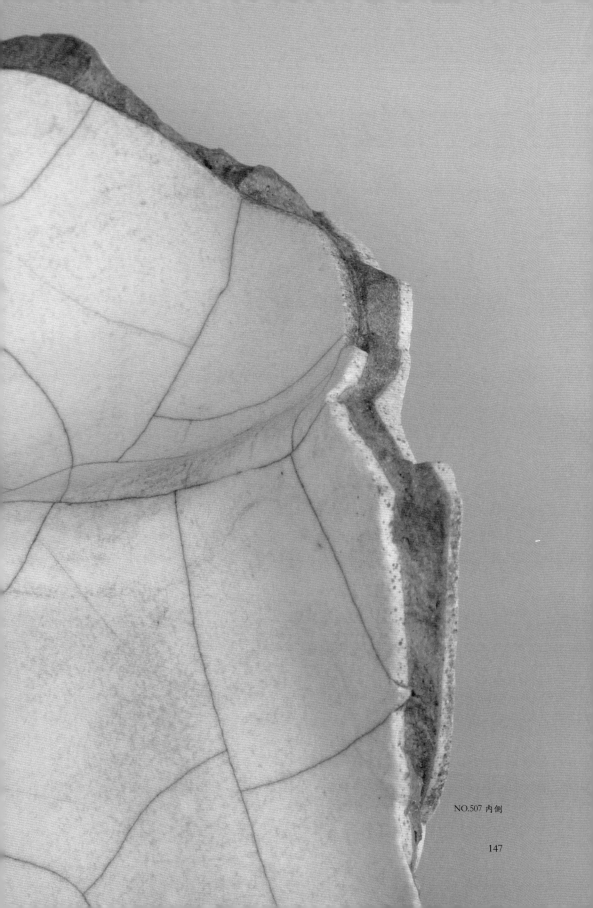

NO.507 内側

可以说，它展现的全是时间的痕迹，也最为耐看。它的白色很冷，寒气逼人，还带着一层浅浅的油光。黑色开片就像时间用小刀刻画出来的一样，几乎是最好的现代抽象画。官窑的釉面给时间留下了充分发挥创造力的余地，釉面变化的余地很大，使得它们今天的样子千差万别。

这一片刚好是出戟尊这种器物的腰身。这个片段的造型，让人想起希腊雕塑的人体躯干。它几乎再现了某种涵盖了一切精神与艺术的、高不可攀的境界本身。

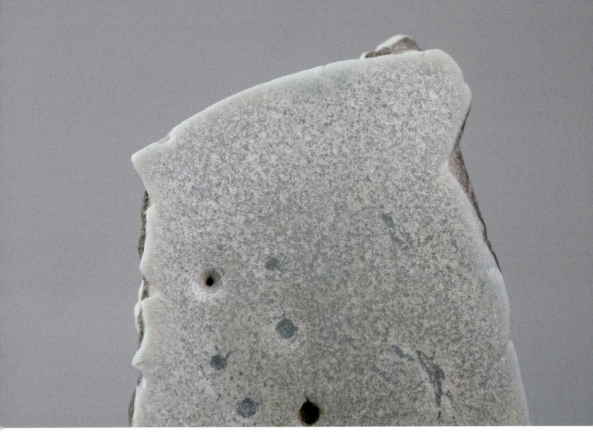

NO.507-2 与前一片相比，白化程度较低的粉青釉面。

类型：官窑
产地：郊坛下
采集地点：官窑郊坛下窑场故址
时代：南宋（1127—1279）
最宽处尺寸：41.4mm

NO.507-3 完全白化的釉面。

类型：官窑
产地：郊坛下
采集地点：官窑郊坛下窑场故址
时代：南宋（1127—1279）
最宽处尺寸：35.1mm

附图 501：这是一只南宋龙泉窑官制鬲式炉，工艺特点与官窑相同（下一章会讲到），亦有观点认为它就是官窑制品。总之，它的足部出筋处，最凸起的部分，保留了典型的官窑粉青色，其他地方则发生了不完全的白化反应，并混有保存环境造成的浸色。它的造型工整且锐利，远超一般鬲式炉，也可以作为白化过程的典型标本。

NO.508 以黄色为最大特征的"炒米黄釉"或者"米黄釉"，一般都拥有细碎的开片，气质温暖，比粉青或月白更具人情味。

类型：官窑
产地：老虎洞
采集地点：南宋皇城遗址
时代：南宋（1127—1279）
最宽处尺寸：56.1mm

　　NO.508 的米黄釉也被称为"炒米黄釉"，多一个"炒"字，大概是为了突出黄色当中略有焦煳感的火气。与之相反，米黄色的釉面往往并不是被烧煳，而是窑温不足的产物。本来是打算烧成粉青釉的，温度差了些，就变成了米黄色。所以，米黄釉下面的胎往往是黄色的。如果窑温足够，标准的官窑胎应该是黑色的。

　　大概也是温度不足的关系，米黄釉面偏软，很容易开片细碎，而且透及表面，杂质容易进入，导致许多米黄釉面都略偏棕色——如果保存环境不好，甚至会偏棕红色。

NO.508 局部

NO.508-2 颜色更灰、有黑色开片纹的米黄釉面。

类型: 官窑
产地: 不明
采集地点: 南宋皇城遗址
时代: 南宋 (1127—1279)
最宽处尺寸: 46.0mm

在宋代，米黄釉是典型的退而求其次的产物：本来是不合格品，但是因为合格品太少，米黄釉的正品地位逐渐也就被承认了。然后，大概是管事的官员为了交差，还给这种颜色取了一个雅致的名字"苍莨色"，意为新长的竹子的颜色。这样一来，它就名正言顺了。NO.508 在各方面都很具代表性，小小的一片拿在手上，就像一块夹心饼干。

NO.509 代表了官窑中独特的"灰青"釉面。有时候，它也被当作更加宽泛的粉青釉面的一种。这种釉面色彩黯淡、偏灰，有时也被形容为"油灰"。它多由官窑的郊坛下窑场生产。这座窑场似乎想用自己独特的方式，模仿汝窑的清冷色调，却形成了新的效果。

灰青釉与粉青釉色系相近，气质却很不同，有一种很特别的清冷与沉稳，让人想起那些饱经沧桑，失去了很多活力，却收获了无法取代的内涵与力量的人们。

←NO.509 接近粉青的"灰青"色釉面，色彩较为黯淡，但是清冷而沉稳，是南宋官窑中最具忧郁气质的一类。

类型：官窑
产地：郊坛下
采集地点：官窑郊坛下窑场故址
时代：南宋（1127—1279）
最宽处尺寸：79.6mm

灰青那种黯淡却又饱和的蓝灰色，配上釉面的质感，似乎在用纯粹的色与质，表现某种悲剧的本质。比起单纯的粉青，这样的色彩或许更直接地再现了某种深刻的忧郁。那么，就让它作为官窑章节的最后一节。

"官窑"是当时科技与工业生产能力的标杆。同时，它是典型的、不计成本的高档宋瓷，它不以生产效率和利润为追求，而是不惜代价追求美的高度。这一点，许多当代的职业艺术家也做不到。随着现代文明对效率的追求，这种抵达人力所能为之的极限，还需要天意的帮助才能达成的美感，似乎已经被放弃了。"官窑"在那个特殊的时刻，成全了人对美的不惜代价的追求。

NO.509-2 轻薄的灰青色釉面，在工艺上拥有明显的仿汝窑特征，但汝窑的"天青"变成了"乌云密布"，似乎暗合了南宋的结局。

类型：官窑
产地：郊坛下
采集地点：官窑郊坛下窑场故址
时代：南宋（1127—1279）
最宽处尺寸：71.0mm

　　"靖康耻，犹未雪"，这六个字所折射的屈辱、悲伤与不甘，正像是自知永远追不上"汝窑"的"官窑"。但是，也就是在不断追求、不断失败，却还是追求的过程里，"官窑"逐渐变成了自己的样子——那是追求完美、竭尽所能，再日夜祈祷，而后失败的样子。其实，古往今来，所有最高境界的艺术品，不都在体会着同样一种求完美而不得的失败吗？

　　这种祈祷后也没有回应的失败感，都凝聚在碎片的釉色与釉质中，只是看着它们，就足以化解人世间的许多无奈了。

NO.509-3 极为轻薄的灰青色釉面。胎釉总厚度仅3毫米左右，却至少能看出两次上釉的痕迹，体现了官窑极其精微的工艺。

类型：官窑
产地：郊坛下
采集地点：官窑郊坛下窑场故址
时代：南宋（1127—1279）
最宽处尺寸：28.6mm

一点补充

南宋官窑的两处产地——老虎洞窑场与郊坛下窑场——制品的特征并不总是泾渭分明。在两处窑场故址发现的瓷片，自然可以体现各自产地的特点；但在皇城遗址或别处发现的瓷片，如果特征并不完全清晰，就只能依靠经验判断它们的产地了。对于第二类瓷片，我尽量为它们标注了产地。这一标注仅代表个人的判断，或者我认可的相对可靠的研究与讨论的结果。产地问题更像是考

NO.509-4 拥有内敛光泽的灰青色釉面，厚实的胎体带来了独特的厚重感，也让釉面质感更加沉稳。

类型：官窑
产地：老虎洞
采集地点：官窑老虎洞窑场故址
时代：南宋（1127—1279）
最宽处尺寸：69.9mm

古领域的类型式研究，与本书的美学主旨并无直接关系，所以就不详述了。这些标注只是为对此类问题怀有兴趣的读者提供参考意见。

在宋代瓷器，尤其是南宋官窑的研究领域，很多深入的问题还没有固定的结论。它们时刻提醒研究者要保持严谨，并对时间的魔力满怀敬畏。

NO.509-4 局部

俗世的香气
龙泉的脂粉

6

龙泉窑位于浙江省龙泉县一带，最早是学习越窑的翠绿色系青瓷。到了南宋中后期，龙泉窑学习南宋官窑的美学和工艺，烧制出粉青色系的青瓷，促进了南宋官窑的美学走出宫廷，逐渐普及到市民层面。龙泉窑最著名的产品就出于这个阶段，它也是中国青瓷最后一个创造力的高峰。因此，本章展示的"龙泉窑"，就是产自南宋龙泉窑场的、以粉青色系为中心的高档青瓷。

　　官窑对自身工艺极尽保护，不愿泄露，但"春色满园关不住，一枝红杏出墙来"，龙泉窑还是将官窑的美感带给了宫墙外的更多人。龙泉窑与官窑的差异是微妙的，但也是巨大的。无论龙泉窑自身的美感多么经得起考验，与官窑相比，它都多了一些轻薄、世俗和脂粉气。这个形容不一定是贬义的，因为基于极高标准之下的脂粉和烟火气，也是很美好的事物。

　　官窑与龙泉窑都采用"石灰碱釉"，这是一种略有乳浊质感的釉面。这种釉面一般会产生比较丰富的变化，难以控制，也是粉青之美的根基。

NO.601 标准的龙泉窑粉青釉釉面，工艺简化后比南宋官窑更加稳定，出现不开片的完美釉面的几率更大。

类型：石灰碱釉
产地：龙泉窑大窑区窑场
时代：南宋（1127—1279）
最宽处尺寸：78.5mm

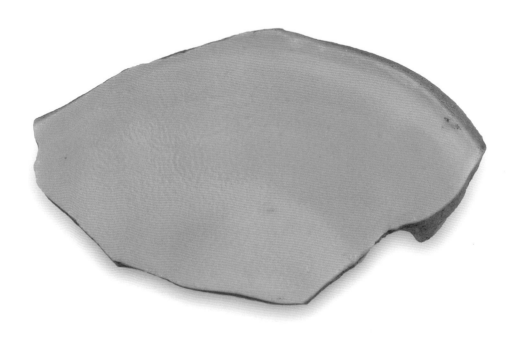

　　NO.601 是很能代表龙泉窑的粉青色釉面的瓷片。与官窑相比，龙泉窑的釉面更加平整，质感轻薄而刚挺。另外，龙泉窑的粉青偏向这种淡如烟的感觉。

　　由于原料和工艺各方面的微妙区别，官窑的质感一般是沉稳内敛的，而龙泉窑则晶莹轻薄。同时，由于瓷胎原料的不同，与官窑相比，龙泉窑的胎质要更加刚挺一些，加上釉面较薄，稳定性较高，也就显得更加骨感一些。

造成这些区别的根本原因，是产量和成本控制的需要。龙泉窑在釉色和釉质方面作出了简化，牺牲了官窑所追求的崇高美感，使工艺变得十分成熟和稳定，令高档产品也实现了有限的量产。即便是难度最高的粉青釉面，龙泉窑也经常生产出至今没有明显开片的完美品。当然，品质上的完美是以美学上的瑕疵为代价的。

看过前面的章节就会发现，官窑在同一色系内的变化十分细腻，比如同样是粉青色，有的偏深，有的偏浅，有的偏亮……而龙泉窑的釉色，基于工艺的简化和控制效率的提高，除了很少的特殊情况以外，灰度方向的变化并没有那么多。同时，龙泉窑的釉色更容易跳跃，也就是说，在不同色系之间的变化反而更加丰富——除了粉青之外，还有偏向水绿色的"梅子青"，偏向翠绿的"豆青"，以及一些因为工艺偏差偶然产生的特殊釉面，等等。

NO.602 就是典型的"梅子青"釉色，顾名思义，它像青色的梅子。这样的釉色，不知道最初是烧制粉青釉面时的误差导致的还是有意为之，总之都被作为合格品推广了，而且因为是更容易烧制的釉色，所以数量比粉青釉多很多。

NO.602 典型的梅子青釉面，美学上更加偏向传统的翠绿色青瓷，由于工艺的进步，经常有晶莹透亮的质感。但过于玲珑者绝非上品。

类型：石灰碱釉
产地：龙泉窑大窑区窑场
时代：南宋（1127—1279）
最宽处尺寸：99.7mm

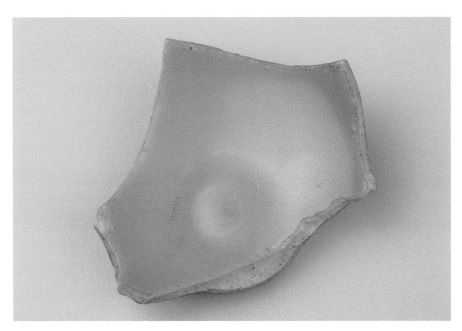

NO.602-2 另一种高品质的梅子青釉面。

类型：石灰碱釉
产地：龙泉窑大窑区窑场
时代：南宋（1127—1279）
最宽处尺寸：78.1mm

　　NO.602-2 也算是梅子青，宋瓷色彩的名字并没有严格标准，多是对一种印象的形容。细看的话，这一片的气泡更加明显，这是它更具透明感的原因。龙泉窑和官窑一样，表面的色彩常常受到釉质的透光与折射的影响。

NO.602-2 局部

NO.603 比梅子青再差一等的豆青色，可作参照。

类型：石灰釉
产地：龙泉窑
时代：13—14 世纪
最宽处尺寸：75.2mm

　　NO.603 是所谓的"豆青"色釉面，比较接近粉青产生之前的翠绿色系青瓷，属于龙泉窑里工艺较粗糙的品种。这一片基本可以断定并非南宋时期制品，而是南宋灭亡以后生产的。龙泉窑在明代依然十分活跃，但其美学标准却经历了倒退，重新以这种省事的豆青色为主了。

　　以上就是普通龙泉窑最为标准的三种釉色。

NO.604 由于工艺误差而导致跳色的釉面，出现了不寻常的蓝色，但质感轻薄，并非上品。

类型：石灰碱釉
产地：龙泉窑大窑区窑场
时代：南宋（1127—1279）
最宽处尺寸：63.7mm

　　NO.604 则是由于工艺误差导致的偶然跳色，就像官窑釉面会因为误差产生灰度层面的变化一样。但是因为简化工艺的缘故，这一片看上去就轻薄脆弱很多，不像官窑那样，即便出现误差，依然能保持厚重的美感。

　　龙泉窑最精彩的作品是接下来的这些：

NO.605"官制"的粉青色釉面，与NO.601相比，具有更加凝重而非轻佻的气质。

类型：石灰碱釉
产地：龙泉窑大窑区窑场
时代：南宋（1127—1279）
最宽处尺寸：106.6mm

NO.605 是做工更好、更加细腻的粉青色，接近官窑的凝重感。它反映出龙泉窑和南宋官窑的密切联系。由于官窑的成品率很低，经常无法满足宫廷的需要，而龙泉窑的材料、工艺与官窑接近，所以官窑的督造和工匠们甚至会直接借用龙泉窑窑场，生产出与官窑十分相似的器物，供宫廷使用。另外，龙泉窑也时常接受宫廷定制，生产的器物不仅釉色釉质与官窑十分相似，在形制、比例等方面也与官窑有一致的严格要求，这类器物一般被称为"官制"。龙泉窑在这两种情形下生产的器物，一般都被习惯性地称为"龙泉官窑"。"官制"龙泉窑不是出自一个独立的窑场，而是这种特定流程和标准下的产物。

NO.605 局部

179

NO.605 就是符合"官制"特点的粉青釉面，与前一片相比，其做工更加考究，釉色也略有不同，更加接近官窑。如果说这两片都散发着脂粉气，那脂粉气也略有不同。前一片似乎是一种正在努力脱离俗世的脂粉，显得冷傲但脆弱；这一片则是脱离了之后又回到俗世，沉稳而优雅。不过，两片都缺乏官窑粉青的那种高贵。这些形容词似乎太微妙了。然而，世界上所有重要的事情，都是在微妙的区别中被决定的。

另外，由于龙泉窑与官窑关系密切，龙泉窑时常会自作主张，生产一些模仿官窑造型风格的产品。这种产品并非为宫廷准备，由于工艺和标准的差异，甚至是为了避免僭越的刻意为之，它们在各方面都达不到官窑的标准。这类产品一般被称为"官样"——模仿官窑的样子而已，与"官制"是天差地别的。

↑ NO.606"官制"粉青色釉面中的最上品，即便碎片也是寥若晨星，与最好的天青色汝窑一样难得。

类型：石灰碱釉
产地：龙泉窑大窑区窑场
时代：南宋（1127—1279）
最宽处尺寸：91.6mm

　　NO.606 则达到了官制龙泉或者说"龙泉官窑"的最高水准，釉色均匀而沉静，釉面综合了龙泉窑的挺拔以及官窑的深沉和宁静。如果说"粉青"原本来自对汝窑天青色的追随和不可及，那么这一釉面则终于不再忧郁，而是找到了"粉青"独有的骄傲感，是可以被称为粉青之魂的作品。

　　最好的官窑釉面也不过如此，可见官制龙泉窑的整体水准之高。有本小说叫《金阁寺》，讲的是京都的金阁寺。书里写，金阁寺是被一位僧人放火烧掉的，他之所以会放火，就是因为金阁寺太美了。他说，金阁寺到了夜晚，就像一艘在时间中航行的船。这样的釉面，这样的杯子，应该被放在金阁寺里，跟着时间一起航行才对。

NO.606 局部

附图 601：这是另一只灰绿色釉面的南宋龙泉窑八角杯，内侧有类似官窑的细长开片，犹如荷叶叶脉。八角造型的瓷器，以及由此衍生的多角造型瓷器，也出现在后世欧洲的高档瓷器中。右侧配图中的白色八角盘是1916年德国卢臣泰（Rosenthal）的玛丽亚（Maria）系列；左侧的珍珠边八角盘，是1980年代英国约翰逊兄弟（Johnson Brothers）制品，铁石（iron stone）材质，如今在新一代瓷器收藏群体中很受欢迎；下方的十二边杯碟是德国宁芬堡（Nymphenburg）皇家官窑制品，名为"珍珠"（pearl），是欧洲最早的十二边形餐具。许多知名欧洲瓷器都以现代的方式继承了中国高古瓷器的美感，它们在一起有各表一枝的和谐。

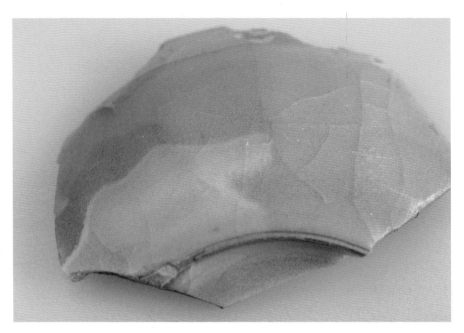

NO.607"官制"龙泉窑由于工艺误差而出现的灰色釉面，依然被作为合格品投入使用。

类型：石灰碱釉
产地：龙泉窑
时代：南宋（1127—1279）
最宽处尺寸：68.9mm

　　NO.607 也体现出龙泉官窑釉面的另一种变化。正如官窑有从粉青演变来的、深浅不同的灰青色、月白色以及纯灰色等，龙泉官窑也会出现这类变化，只是跳跃性更强，没有那么细腻。

　　这一片就是纯灰色的龙泉官窑。与 NO.601 相比，这一片的做工显然精致了很多，尤其是底足，拥有肉眼可见的精密感，甚至好过一些早期的官窑。这就是龙泉官窑和普通龙泉窑的显著区别之一。它有一种显著的工业气息。它的灰色釉面几乎全由均匀的气泡构成，这些气泡不足以掩盖胎的黑色，所以就成了灰色。意外的色彩失控使它更能体现工艺本身的力量。这种力量似乎能激发造物自身的意志，变成令人意想不到的模样。

NO.607 局部

NO.608 "官制"龙泉窑中的炒米黄釉面，偏灰，与官窑的炒米黄釉成因一致，也是由于工艺误差造成，质感略显轻薄。

类型：石灰碱釉
产地：龙泉窑
时代：南宋（1127—1279）
最宽处尺寸：83.3mm

　　NO.608 跟官窑的"炒米黄釉"一样，也是出自工艺误差的黄色釉面。这一片仍然属于"官制"类型，从视觉的质感来说，比官窑的黄釉要轻薄一些，但摸起来要比看上去温润。由于精准的塑形和修胎工艺，官窑及官制龙泉的小型器物手感都很好。拿在手里的时候，几乎能感觉到轮廓的呼吸感，以及釉面之下的器物的骨骼。有种说法叫"胎骨"，就是指这种感觉。

NO.609"官制"龙泉窑中成因不明的白色釉面，横截面依然显示出精微的工艺。

类型：石灰碱釉
产地：龙泉窑
时代：南宋（1127—1279）
最宽处尺寸：132.5mm

　　NO.609 也是官制类型的龙泉窑，它的釉面是完全的乳白色，十分特别。关于这一釉面的成因，有观点认为是由于保存条件的原因而完全"白化"了。NO.507 也是一片"白化"的瓷片，但这一片更像是在烧制过程中出现的釉面变异。至于具体是怎么变异的，到底窑炉里发生了什么才出现这样冷冷的白色，谁也不知道。

　　与其他窑场不同，龙泉窑规模庞大，分支窑场很多。前面看到的主要产品一般产自大窑片区。另外还有像溪口片区、小梅片区等等，为了找到自身特色，它们会加入一些特殊工艺，刻意追求更加特别的釉色，例如墨绿色、水蓝色等等。

NO.609 局部

NO.610 底面局部

NO.610 龙泉窑溪口片区的釉面，更加突出了龙泉窑的轻佻质感，别具一格。

类型：石灰碱釉
产地：龙泉窑溪口区窑场
时代：南宋（1127—1279）
最宽处尺寸：81.0mm

　　NO.610就是龙泉窑溪口片区的作品。它一般使用与官窑材质相近的黑胎，
釉面通常呈色调较暗的蓝色。这一片色调偏亮，看上去完全没有瓷器的样子，
倒像是某种矿石。

NO.610 局部

196

197

NO.611 龙泉窑小梅片区的典型釉面，与溪口片区一样剑走偏锋。

类型：石灰碱釉
产地：龙泉窑小梅区窑场
时代：南宋（1127—1279）
最宽处尺寸：72.9mm

　　NO.611 则是龙泉窑小梅片区的典型制品。釉面呈墨绿色，并伴有像哈密瓜皮一样的开片纹。小梅类型的龙泉窑，看上去对粉青之类的高雅美感没有任何兴趣，它似乎更希望自己成为哈密瓜。这让人发现瓷器原来还有如此多的可能性，而这些可能性在今天并没有发展下去。

NO.611 局部

NO.612 北宋早期的龙泉窑，很明显在模仿当时越窑的翠绿色系釉面，但工艺水平明显滞后，连表现翠绿这一基本功都不扎实，再看后来的进步，真是令人唏嘘。

类型：青瓷
产地：龙泉窑金村区窑场
时代：北宋（960—1127）
最宽处尺寸：99.2mm

　　一直拿龙泉窑与官窑相比似乎不太公平。其实，正因为它如此接近完美，才会显露各种基于最高标准的瑕疵。另一方面，龙泉窑在接近完美的地方找到了新的平衡点，它并没有像官窑那样继续向高处探索，而是接受了这些瑕疵，同时将工艺变得更加便捷和稳定，使得龙泉窑的成功率和产量获得了提升。这是它能够获得相对普及的原因，它身上的世俗气质也来源于此。任何一种美学最后的归宿，都是在经典之后走向世俗。龙泉窑就处于宋瓷从巅峰走向世俗的节点上。

NO.613 北宋中期的龙泉窑，釉面呈玻璃质感，因为那时还没有发展出以石灰碱釉为基础的乳浊釉面。釉面甚至加入了划花纹饰，可以看出当时龙泉窑的不自信。

类型：石灰釉
产地：龙泉窑金村区窑场
时代：北宋（960—1127）
最宽处尺寸：160.3mm

　　从龙泉窑开始，高档瓷器逐渐结束了对材质特性的探索，也结束了基于特定思潮的、对物质精神属性的发掘，于是，也就没有了将生产线能力考验到极限的、追求单纯的釉色与质感的艺术创造。充满未知性的瓷器，终于成为后世所熟知的瓷器。它的质感和美学都成为固化的传统，被历代模仿。瓷器逐渐成为数码打印的古代名画，但它依然在提醒着那件名画的诞生本身。

　　龙泉窑的诞生其实很早，它一路见证了翠绿色青瓷的衰落和粉青色系青瓷的崛起，并亲自完成了粉青色青瓷的普及。这里用两件早期的龙泉窑（NO.612、NO.613）作为结尾。

宇宙的肌肤
建窑的铁火

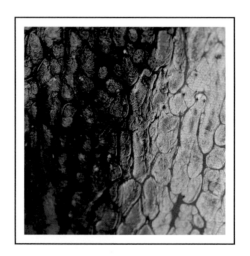

建窑位于宋代建宁府建阳县，今天福建省南平市辖区内。它是一座很特殊的窑场，因为几乎只生产以"黑釉窑变"工艺为特征的茶盏，也就是"建盏"。所以，"建盏"和"建窑"几乎是同义词：建窑生产的茶盏。有趣的是，由于近年来茶文化的兴起，建盏几乎是最先走进大众视野的宋代瓷器。

在"无名窑场的孤独"那一章，就能看出宋人对黑釉窑变茶盏的偏爱。宋人的茶主要是抹茶，普遍的说法是，黑釉盏可以凸显抹茶的茶色。我试过用各种釉色的盏打抹茶，看上去，黑釉并不那么有效，看茶色主要还是取决于光线。黑釉盏确实有一个好处，就是将茶盏捧在面前的时候，就像捧着一汪小小的宇宙，特别容易集中精神。每喝一口茶，都像在与手中的黑色交流。结合宋代思想对自我提升的强调，茶盏的黑色似乎主要是精神层面的需要。

建盏是所有黑釉盏中的翘楚。它的特别之处，在于将黑釉窑变工艺推到了极致，以至于直到今天，在无数研究和各种科技手段的帮助下，工匠们依旧以模仿出宋代建盏的釉面为荣。

所谓"窑变"，主要指釉料中以铁元素为主的成分，在高温烧制的过程中被激发出化学反应，呈现出人工很难控制和预料的纹理。在建窑的工艺里，工匠只能触发窑变的发生，却无法控制窑变的结果。窑变釉并非建窑独创，那么建窑的窑变究竟特别在哪里？

首先，建盏的窑变是宋瓷里最为丰富的，因为它的窑变不仅是釉质本身造

NO.701 较为典型的"金兔毫"窑变。严格来说，光泽更好的黄色兔毫才被称为"金兔毫"，区别于光泽一般的"黄兔毫"。但这种区别非常微妙。

类型：黑釉窑变
产地：建窑
时代：南宋（1127—1279）
最宽处尺寸：79.0mm

成，还有胎中所含铁元素的作用。这样一来，窑变不仅有着由内而外的深邃的视觉效果，也呈现出极其多变的状态。即便研究建窑多年的人，也会遇到从未见过的釉面状态。有个名句稍加修改是这样的：当我们谈论建盏的时候，我们在谈论哪一只？

　　第二，由于胎中含有大量铁元素，它在高温中极易变形。按瓷器的发展过程，早在南北朝时期，塑造稳定而规整的圆形瓷器已经不是问题了，而直到南宋，瓷器还大量出现因胎质而在烧造后变形的次品。这不是技术的缺陷，而是为了审美的高度而牺牲成品率的做法。

在极端复杂的制作工艺之外仍然不可控的因素，是为建盏带来几乎非人力可为的美感的精髓。这也体现在南宋官窑的制作中：只有耗尽了人力的极致，才有资格寻求运气的帮助。

可以说，当建窑给予了铁元素最大的自由，铁元素便在釉面留下了最潇洒的痕迹。建窑釉面那一汪深邃的宇宙，来自如火一般跳跃的铁。虽然近年来建窑因为太有名，经历了太多俗气的宣传，但是这不怪它。它的美无关那种"禅茶一味"的"油腻"，而是狂放并令人颤栗的。不然，像苏东坡这样摇滚的文人，也不会写诗赞美它了。

NO.701就是建窑最常见的金兔毫窑变。窑变呈金色或黄色的丝状，根根分明，从盏心由下至上向盏口延伸，就像兔子的毛一样细长。

虽然金兔毫在窑变中最为常见，但建盏作为一个整体，在宋代地位显赫，所以纹饰漂亮的金兔毫建盏也十分难得。黄庭坚曾写过一首诗："兔褐金丝宝碗，松风蟹眼新汤。"也许有抬举朋友的成分，但至少说明金兔毫已经入他眼了。

NO.701 局部

NO.702 较为典型的"蓝兔毫"窑变。蓝兔毫与银兔毫常常比较接近，尤其这一只，因为底色的黑釉十分亮泽，使得兔毫也泛出银光。

类型：黑釉窑变
产地：建窑
时代：南宋（1127—1279）
最宽处尺寸：78.5mm

　　NO.702是略高一等的"蓝兔毫"，丝线从金色变成了蓝色。这种颜色的窑变，对窑内温度的准确性和稳定性都有更高的要求，所以更加稀有。

NO.702 局部

NO.703 较为典型的"银兔毫"窑变。清晰细长的银色兔毫状窑变，从盏心直达口沿；但是，在接近口沿的地方，因为温度等因素的影响，兔毫变成了黄色，显得不那么完美了，只能说十分接近"玉毫条达"的状态。

类型：黑釉窑变
产地：建窑
时代：南宋（1127—1279）
最宽处尺寸：98.7mm

　　NO.703 则是更难得的"银兔毫"。银色窑变意味着产生了持续而稳定的"还原焰"。所谓还原焰，简单来说，就是窑内氧气完全燃烧，火焰变成了高纯度的青色。窑工会在窑边开一个小口，观察火焰的颜色，当火焰变成纯青色，就意味着温度合适了。这就是"炉火纯青"的由来。

　　宋徽宗在《大观茶论》里写过对建盏的要求："盏色贵青黑，玉毫条达者为上。"意思是，黑釉底色光泽亮丽，窑变是通体清晰而细长的银兔毫，就是宫廷御用的上品。

NO.703 局部

附图 701：这是一只完整且典型的南宋银兔毫撇口建盏，可见银色窑变在自然光下并不醒目，纯净且收敛。口沿部分釉面很薄，露出了接近黑铁质感的胎骨，这是因工艺误差导致的。

附图 702：这是另一只南宋银兔毫建盏，釉面呈非典型的高亮状态，通体泛蓝且反光率高，以至于银色窑变被淹没在光彩当中。部分区域还有贝壳状炫光（俗称蛤蜊光），且光彩由内而外发散，十分自然。这种炫光在现代瓷器中由人为施加，但光泽油亮且浮于表面。这样的釉面是还原焰状态持续过长，但又保持了基本的稳定发色而造成的。建盏釉面有许多不可控的变化，这是其中鲜见的好例。

与金色窑变相比，银色窑变有一个很重要的不同：当茶盏内盛满茶水的时候，银色窑变几乎就无法被看见了，只剩下幽深的釉面映衬着茶汤的颜色。用它泡现在的绿茶也很好——银毫会隐去，只剩下根根茶叶似乎漂浮在幽玄的虚空中。

　　这大概是宋徽宗最喜爱银色窑变的原因：当茶盏自身被欣赏的时候，银色兔毫是美感的一部分；当它作为茶具被使用的时候，银色兔毫就退隐在茶汤当中，留出大片黑色。这是器物的谦逊品格。而且，从工艺角度来说，这恰恰也是最难做到的。这便是工艺与美学的完美契合。

　　比兔毫状窑变更加难得的，是"油滴"状的窑变：窑变并没有连成丝线，而是像一颗颗独立的油滴。为什么"油滴"更加难得呢？可以这么理解：釉面在窑炉内是液态的，随着温度的增加，铁元素析出、融合，然后凝结成了釉面的斑点。此时，如果温度控制不好，这些斑点就会"沸腾"，产生由下而上的流动，原本独立的"油滴"向上涌动，连接在一起，也就成了"兔毫"。所以，"油滴"就要求火候更加精确。

NO.704 较为典型的"金油滴"窑变。在"油滴"形态的窑变中，油滴的大小和密度会有很多变化。同时，不同颜色的油滴可能会在同一釉面上混合，也有兔毫与油滴混合出现的情况。

类型：黑釉窑变
产地：建窑
时代：南宋（1127—1279）
最宽处尺寸：73.7mm

　　NO.704 就是一种较为典型的"金油滴"窑变，可以看出，它的底色是较为黯淡的，说明并没有达到很高的烧制温度。一般来说，金色窑变会在比较低的温度中发生。

NO.705 较为典型的"蓝油滴"窑变。

类型：黑釉窑变
产地：建窑
时代：南宋（1127—1279）
最宽处尺寸：75.6mm

　　NO.705 则是"蓝油滴"，跟兔毫的原理一样，温度更高、更稳定的还原焰才能造成蓝色的窑变。从稀有程度来说，这样的蓝色油滴窑变已经比万里挑一还要稀少了。前两年日本出现了一只金色和蓝色混合的油滴建盏，创下了建盏拍卖纪录。虽然拍卖价格向来不能作为美学价值的依据，但至少可见其难得程度。

NO.705 局部

NO.706 十分典型且饱满的"银油滴"窑变。

类型: 黑釉窑变
产地: 建窑
时代: 南宋 (1127—1279)
最宽处尺寸: 117.6mm

　　NO.706 则是极难得的通体银色油滴釉面，至今未见拥有同样釉面的较完整的建盏。虽然无法查证，但至少可以谨慎而合理地猜测，它或许比天青色的汝窑还要稀有。

　　它能让人久久凝视，其魅力似乎来自某种奇妙的统一：物质的表面形态就是它最深处的秘密。人们看到的不是任何釉面，而是各种基本元素在彼此间所达成的、暂时的共存方式，就像宇宙本身的动态。

　　比银油滴还要难得的是"曜变"。因为太稀有，所以我无法找到它的瓷片，只能麻烦读者去网上搜搜看了。日本的博物馆有三只完整的曜变盏，都是当时来自中国的礼物。

NO.707 典型的"乌金"釉面。大概是朱子出现了，所以万古长夜也跟着变漂亮了。

类型：黑釉
产地：建窑
时代：南宋（1127—1279）
最宽处尺寸：97.4mm

NO.707 是乌黑锃亮却没有发生任何窑变的釉面，里面的铁元素都变成了表面的那层银光。这种挺拔而润泽的黑色釉面被称为"乌金釉"。它一般与还原焰的效果挂钩：看前面几片就会发现，一般蓝色或银色的窑变，也都是以这种"乌金"的黑釉为底色的，黄色窑变则不一定。

它本可以发生窑变，最终却什么也没有发生，这似乎比窑变更有意思。它处在某种"将发而未发"的张力下，人们永远不知道它本可以变成什么样子。

宋代许多思想家都讨论过"将发而未发"的状态。简单来说，发的源头是人的心，发出来的，就是情——包括各种各样的心情和感情。将发而未发是最好的状态，是不被眼下的情感和情绪所包裹，可以反观心性的状态。但是，王阳明认为，人的情是一定会发出来的，这是人的天性。重点在于，从自己的情出发，去体会万物的情。这就是所谓恻隐之心。体会到了万物的情，自然就会明白，每个人都与万物有着同样的心。这个心是天地的造物之心在它们的造物中的具体显现。每个人以及每个物的心，都是天地之心的碎片。体会到了这样的心，自然就变得博大了。像建窑这样的宋瓷，创作者只是天地之心的传达者。

NO.708 这种釉面被称为"蟮皮纹"。它的釉面有着比普通的开片更加深而宽的裂痕，缝隙往往填充着白色的坚硬杂质。这些杂质可以被清除干净，之后留下如龟裂的土地般的釉面。产生蟮皮纹的釉面，同时可以发生各种不同的窑变，与乌金底的釉面相比，它们的质感往往较为干涩，但不一定是没有光泽的。有的蟮皮纹釉面带有幽深而黯淡的光，配合原有的窑变，显出与众不同的气质。

这种裂纹的产生原因不明，有观点认为，它是烧制时候就已经产生的，也有观点认为它是在保存过程中产生的，还有观点认为，产生蟮皮纹的釉面都被加入了某种特殊的配料——这种配料的本意并非追求这种裂纹，但无意中造成了这种效果。

在我看来，这种纹理最能突出建盏的共同特质：它们已经不像瓷器了，而是像某种神秘的人工合成物。也可以说，它是浑然天成的产物——这两个似乎相悖的形容，在顶级的宋代瓷器上是能合而为一的。

上面介绍了几种典型的建窑窑变，但在更多情况下，建窑经常是上述各种状态的混合物。不仅如此，建盏的残次品，比如温度完全不够、釉面干涩的"灰背"品种，或者温度过高、釉面烧得通红的"柿红釉"，也常常被人衷心地欣赏。但我不在其中。宋瓷的美感是很严谨的，不是随随便便就可以拿禅意之类的说辞敷衍过去的。

总之，建窑给了铁元素太大的自由，所以它们只在偶然的时候，才会显得规矩一些。人只能在一旁等待。

NO.708 典型的"蟮皮纹"釉面，是建窑各种奇怪窑变效果的代表。

类型：黑釉
产地：建窑
时代：南宋（1127—1279）
最宽处尺寸：92.2mm

　　建盏的美是一种由内而外的美，它的一切表象都源于内在材质和外在火候
的统一。而那种对运气的依赖，从更深层次来说，源自对物质本身特性的尊重。
人性与物性是平等的，对物性的发现，在许多时候能够启发人对自我的发现。

　　建盏的美感来自某种可以期盼的奇迹，它带来的视觉如同对宇宙边缘的凝
视，而这种凝视，与人对眼前的、细微之处的发现，并无基础性的区别。世界
上的每件事物都是一个宇宙，都值得用心去观看。建盏的存在只是在提醒这简
单的道理。

NO.708 局部

附图 703：这是一只较为完整的南宋蟮皮釉建盖，釉面除了独特的开片，还混合了银色兔毫窑变，十分罕见。前任收藏者在修补缺口时，配上了卷云纹的银扣，实在多余。

附图 704：这类南宋建盏看上去与高温陶器类似，成因都可以归结为工艺误差。它们在当时是被作为残次品处理的。因为釉面大多有龟裂纹，如今一般被统称为"龟背"。这只没有裂纹，釉面布满小斑点，微泛绿，盏心有一颗芝麻状斑点，十分特别。日本收藏界很喜欢这类建盏，将之与"侘寂"联系起来。但毕竟是工艺瑕疵造成的，偶尔欣赏尚可，不足为类聚。

附图 705：这是一种普通且较常见的南宋建盏釉面。在自然光下可以看到釉面很薄，釉面发色青蓝，口沿部分露出铁质胎骨。烧制过程中，在温度不理想的情况下，大部分釉水会向下沉积，所以盏心釉面厚实，上方则稀薄，且无法形成深邃的底色，窑变也缺少层次感。这只贵在外形规整，釉面均匀，体现了建盏的铁质感。

附图 706：最后是一只北宋建盏。虽然在徽宗时代，建盏已经具备了后来的各种特点，但总体质量比南宋建盏更不稳定。这只就体现了北宋建盏相比南宋，釉面密度较低，似墨色，表层似乎脱离底色，有漂浮感；底层则在强光下泛红。釉面在放大镜下能看到明显气泡。

大众禅意
吉州的影子

吉州窑位于江西吉安的永和镇境内，吉安在古代名为吉州。吉州窑最著名的产品都成熟于南宋中后期。那时，与建窑专注于烧制茶盏类似，吉州窑也几乎只烧制茶盏和花瓶等文房用品。本章所谈的，就是这座窑场在南宋中后期生产的这些代表作。

　　如果说建盏从北宋到南宋的发展，反映了当时新文化和新审美的兴起，那么吉州窑的发展，则反映了这种新文化被逐渐定型为一种后世所谓"文人文化"，以及这种文人文化的普及过程。在这个世界上，任何事物在被普及后，都不会像刚出现的时候那么有锐气，也会变得更容易被接受。

　　如果说，高档建盏看起来像一位大儒高处不胜寒的内心世界，那么高档的吉州盏看起来就像这位大儒下班回家后的样子。他有人味，有很多脆弱的地方，很多瑕疵，而且他希望用简单的方式与邻居打交道，但他看起来还是那么与众不同。如果说建窑的美学与禅有着或多或少的关联，那么吉州窑就是那种有故事的杂货店老板会聊起来的禅意。

　　NO.801是吉州窑最具代表性的"木叶盏"。其工艺是将真正的树叶以类似拓印的方式印在釉面上。这一片比较特别的地方在于，一般木叶盏的叶子纹饰都在盏心，而它是在口沿的位置，而且叶子的尖角还翻到了另外一侧，小小的细节颇令人心动。木叶纹最好的部分在于它使用了真的叶子，于是叶子的细节纤毫毕现。如果只是为了讲述某种与"一叶知秋"有关的禅意，那么随便画

NO.801 吉州窑最为著名的"木叶"纹饰,金色的叶脉纹与温和的黑釉续写着宋人与夜晚的故事。文人偏爱夜晚并非娇情,主要原因是白天太忙了,不是忙于朝政就是修桥补路,跟今天的上班族一样。

类型:吉州窑
产地:吉州窑永和片区窑场
时代:南宋(1127—1279)
最宽处尺寸:66.9mm

一片叶子也说得过去,但吉州窑用了颇有难度的做法。

北宋许多无名窑场的纹饰是追求简洁而不得后的妥协,而南宋吉州窑则从简洁又回到了纹饰。为什么会这样?在吉州窑成熟的时候,中国北方已经被金王朝占领,汝窑早已消失,北方许多无名窑场也开始烧制迎合金人品位的器物。只有定窑还在继续烧制白瓷,并以"跨国贸易"的形式,将器物"出口"给南宋。在南方,建盏早已从北宋开始就奠定了自己的地位,龙泉窑也把官窑的粉青美学传播开来,湖田窑的工艺越来越精湛……可以说,以汝窑、建窑、南宋官窑、龙泉窑为主线的简洁美学,在此时已经发展到顶峰。吉州窑作为后起之秀,实在没有进步空间了。

但是,吉州窑与其他高档宋瓷一样,明白形式的美感来自与其相称的技术

NO.801 局部

239

强度，这种强度不是为了彰显或者炫耀技术本身，而是因为真正存在的而非仅仅被概念所形容的美感，必须由特定的、有难度的技术来实现。所以，吉州窑虽然无奈地回到了纹饰的路线，但与北宋时候相比，其技术有了肉眼可见的飞跃，这让它能够更准确地表达一种普及后的文人气质。

这一片值得注意的还有作为底色的黑釉。那是一种很内敛的黑色，既不如建窑的黑釉厚重幽深，也不如当阳峪窑的黑釉锐利开阔。吉州窑的黑釉显得有些迟钝木讷又温润内敛，就像一位上了年纪的僧人，在别的器物里绝无可见。这种气质，也许是因为吉州窑距离寺庙很近，还要为寺庙烧制器物的缘故。另外，在这样的黑色笼罩之下，无论何种装饰（除了个别类型有泛蓝或其他色彩之外），几乎都以亮黄色釉为基本色彩，很像黑夜中浮现的影子，带着"僧敲月下门"的气氛。

NO.802是吉州窑另一种典型作品，被称为"玳瑁纹"。它看起来像乌龟的壳或者珊瑚的剪影。据说玳瑁源自一种乌龟壳的名字。玳瑁纹有两种常见的风格，一种如图所示，另一种是由黄色部分构成更加接近龟壳的纹理。两种釉面的基本特征和物质组成是一致的。

这一片的釉面坚实而光洁，是比较难得的，因为吉州窑的釉面普遍比较脆弱，即便紧实，也是紧中带薄。尤其是玳瑁釉的釉面很容易松软，一旦松软，表面的釉就会干涩脱落。除非是当年质量极高的器物，否则很难敌得过时间的侵蚀。细看这一片就会发现，上面有细细的开片，那种开片一旦变宽，釉面就容易脱落了。所以玳瑁釉在缤纷润泽的釉面下有着脆弱的基底，就像它的纹理所暗示的、某种转瞬即逝的灵光一样。那种黑色也是转瞬即逝的。

NO.802 吉州窑著名的"玳瑁釉"。这一片的黑釉十分亮泽，代表了吉州窑最好的釉面状态，但与建窑对比一下就能发现它依然是刚中带柔的。

类型：吉州窑
产地：吉州窑永和片区窑场
时代：南宋（1127—1279）
最宽处尺寸：76.0mm

NO.802 局部

244

NO.803 吉州窑著名的"剪纸梅花"纹饰，在整个南宋的釉面里都算是躁动的，暗示了吉州窑在宁静的"木叶"之外，对朴素的野生感的追求。

类型：吉州窑
产地：吉州窑永和片区窑场
时代：南宋（1127—1279）
最宽处尺寸：96.5mm

　　NO.803 代表了吉州窑的"剪纸梅花"工艺：以类似剪纸的工艺创造各种纹饰或文字，并把它转移到釉面上。它的图案部分是黑色的，周围的釉面根据不同的烧制条件，状态会略有不同。这片的釉面就像火焰，纹饰轮廓也呈现红色，整体充满了跃动感，似乎有热气冒出。

　　纹饰的部分很难看出是梅花枝，这也是吉州窑的特点，有简略而随意的趋势。这大概是受到了南宋逐渐普及的文人画的影响。在南宋，正统的院画体系逐渐形成。当时的民间绘画则与之对立，趋向更加个人化的技法，笔触与书法的关系也更加直接。

吉州窑还有一些以釉面绘画为手段的装饰技法，比如"月影梅"——用画笔蘸上釉彩，再以潇洒简练的笔触勾画几笔梅般的枝叶。这一图案中并没有月亮——既然背景是黑色，枝叶是单色，自然就是月下的影子了。另外还有用撒釉技法勾勒的抽象图画，笔触随意奔放，颇像美国抽象画家杰克逊·波洛克（Jackson Pollock）的作品局部。这些技法无法通过局部的碎片来展现，必须见到整体的图案才行，所以就不在本书的讨论范围内了。

吉州窑无视宋瓷走向极简的路径，而选择了文人画的趣味，这就使它无法达到自身特性的极致，而是变成了另一张画卷。笔触和绘画的美感，自然还是文人画本身更为高级，而吉州窑的绘画工艺则成为这一美感的注脚。由于官窑和青瓷体系有着无法超越的高度，在南宋后期，吉州窑另辟蹊径的选择也就不难理解。它并没有像北宋时期北方民窑的工匠那样，选择去正面挑战极简美学的难度。吉州窑的这一道路，可以看作宋瓷从经典走向洛可可式玩味风格的开始。这也像是禅意走向大众的开始。

艺术品的气质有两种，一种是给予时代的，一种是时代给予的。前者不是每个时代都有，后者每个时代都有。汝窑当然是前者，建窑也是前者，吉州窑只是后者。后者也足够伟大了，只是与前者相比，多了一点世俗气，少了一点特别。吉州窑出现得很晚，它并不像北宋的山水画、稍晚出现的文人画，或者汝窑、建窑那样，直接以艺术形式映照了思想的发展。吉州窑所参照的，是建窑、文人画等既有艺术创造的形式，并在其基础上作了进一步的发挥。吉州窑的创造是针对风格的，而非针对思想的。在所有艺术的发展中，粗略一点来说，最初的风格来自思想和源于思想的直觉，后来的风格要么来自新的思想或新的直觉，要么来自既有风格的演变。吉州窑就是后者，因此略差一品，但还是可贵。

无论如何，吉州窑将不那么平易近人的禅宗思想，具体为一片树叶，一枝梅影，一举潇洒的涂鸦，或者一汪拙拙的黑色。这是一眼就能看懂的风格。"大众禅意"讲的就是这个意思。只要别装腔作势，那么大众能够理解的禅意，就是深奥之后的浅显。吉州窑能烧成那种特别的黑色，或许就来自这种情怀。

附图 801：这是一只被称为"月影梅"的南宋吉州窑茶盏，器型偏扁平，有唐人气息。盏内侧以釉上彩绘的形式描绘了梅花枝，黑釉也自然成了夜色。"月影梅"是吉州窑的一种图式，每只主题相同，但画法各不相同。这只笔法颇讲究，有南宋禅画风，有一笔还游戏般画到了外侧；釉面有磨砂质感，犹如黑色绢布。虽不如当时的画家手笔，但也是瓷中翘楚。

彩色巧克力
钧窑的乳浊

9

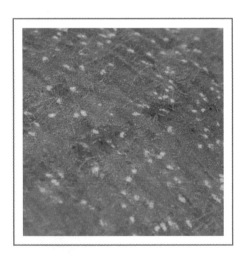

再好的艺术品，人看久了也会疲惫，看瓷片也是如此。钧窑，就是当人看累了其他瓷片，一看见它们就不会再累的品种，所以我把钧窑放在了最后一章。它们就像巧克力或者冰淇淋，不是正餐，但它们与正餐比较之下的种种缺点，也都会成为优点。

钧窑很难介绍，因为它的很多基本信息都存在疑问。首先，虽然它被明代文人列为宋代"五大名窑"之一，但目前可以确定生产时间的钧窑产品，都是在宋王朝南迁后金王朝占领的北方地区烧制的；有的甚至更晚，是在明代烧制的。越来越多的文献研究和考古物证，证明了钧窑并非始于北宋，始于金王朝的可能性越来越大。其次，钧窑产品并不像其他高档宋瓷只在特定的窑场内生产，河南地区的许多窑场都发现了钧窑，因此很难说清钧窑究竟是哪座窑场或者哪个地区的发明。

综上所述，"钧窑"这个名字只能反映一种瓷器的类型。河南各窑场发现的这类瓷器都被称为钧窑。以天蓝为基准色的乳浊釉面，是钧窑最大的特点。这种乳浊釉比龙泉窑的更早，也要粗糙很多。它有自己的脉络，是从唐代的长沙窑和鲁州花瓷演变而来的。

NO.901 就是做工最为精良的钧窑类型。清代的《禹州志》记载了河南神垕镇生产钧瓷，窑场设在城北的古钧台，这是"钧窑"名称的来历之一。考古学家在那里也确实发现了生产钧窑的窑场旧址，NO.901 就产自那里。它的底部留下了支钉的痕迹，反映了受重视的程度，所以也有人认为，这样的钧窑是为宋代宫廷准备的。问题在于，作为一本明代文献，《禹州志》并未说清神垕镇钧窑的年代。这种工艺精良的钧窑器物，现在看来，更可能是明代的产品。即便可能产自明代，它作为宋瓷的形象也已经深入人心。考古结论永远无法打败精彩的故事。

它的天蓝色就像是大晴天的天空——那种没人会去欣赏的，最习以为常的，甚至还会嫌弃它刺眼的天空。与汝窑天青色所模仿的那种"雨过天晴云破处"相比，钧窑朴实而直接了许多，就像它粗粝而直白的釉面那样。

做工最好的钧窑釉面，都以这种天蓝色为基准。这印证了一种说法，就是钧窑来自对汝窑的模仿。但是，钧窑与汝窑的差别还是很明显的。钧窑明显多了自发的表现力，少了内心的气质，用另一种说法叫"火气重"。它的美学特征与其他宋瓷相比的确有着突出的差别，这也支撑了它并非产自北宋的论点。

NO.901 天蓝釉色的钧窑，工艺精致，但胎质与其他高档宋瓷相比仍有差距。虽然这类釉面被看作钧窑的代表作，但它更可能是明代产品。

类型：钧窑
产地：神垕窑场
时代：不明
最宽处尺寸：168.5mm

NO.902 金王朝占领北方时期的钧窑，釉面温润雅致，可以看出宋代的单色釉美学对后世的影响。

类型：钧窑
产地：河南
时代：12—13 世纪
最宽处尺寸：153.7mm

　　NO.902 是另一种钧窑釉面，发现于河南的无名窑场。它的精致程度不如前一片，属于典型的金王朝时期的产物，但它的沉静和稳健却更接近宋代高档瓷器的气质。

　　它的釉色不一定是有意为之，但呈现出低温窑的特征。釉面没有钧窑常见的玻璃质感，却依然均匀、平滑、柔软，光泽也是内敛的。乳浊釉与生俱来的跃动感，在这里完全沉淀下来了。它的颜色与天蓝差距很大，气质却与汝窑更加接近。有时候，内在的一致性无需表面颜色来传达。

　　它的做工并无过人之处，但恰好捕捉到了某种稍纵即逝的、天地之间神秘而温柔的共鸣。在钧窑里，它就像一群学生里不太合群的那个，不是因为骄傲，

NO.902 局部

259

而是具备了某种超越年龄的德行，于是连自
己都会感到不安。只有在很久以后，它才会
意识到这是无来由的、只属于自己的天赋，
并心安理得地接受之。

NO.903 以活泼的绿色为底、带有红斑的钧窑釉面。红斑被认为是钧窑的典型纹饰，但钧窑之美并不在此。

类型：钧窑
产地：河南
时代：12—13 世纪
最宽处尺寸：52.4mm

　　NO.903 带有一抹红斑，这常常被当作钧窑最具代表性的特点。这个特点又显然与"钧窑仿汝"的结论相悖：以仿汝为目的的釉面，怎么会越来越花哨？可以看出，对钧窑的认知本身就有很多自相矛盾之处。这种红色的装饰显得粗糙，具有视觉上的强制性。我也不理解为何要用它来破坏本来单纯的蓝色系釉面。这种审美真的不像宋代人。

　　而且，对红斑的过度强调，削弱了人们对钧窑多样性的认知。本章列举的碎片不足以代表钧窑的全部，却能展示它的丰富变化。这些碎片来自河南各个窑场，大多产自金王朝的占领区。它们虽然不是严格意义上的宋瓷，却是北宋灭亡后单色釉在北方的回响。它们为宋瓷划定了最后的美学边界。

NO.904 由于工艺误差而造成的特殊釉面，开片线是极罕见的紫色，十分可爱。

类型：钧窑
产地：河南
时代：12—13世纪
最宽处尺寸：58.9mm

NO.904 是产自金代的钧窑釉面，淡淡的蓝色就像黄昏的天空。开片微微泛紫，十分特别，就像凝聚成丝的霞光。

这样的钧窑展示了金王朝在模仿宋人审美时的误差。这种误差常常表现为笨拙而不做作的优雅，以及粗糙却又真诚的文气。

NO.905 同样出自工艺误差的灰蓝色釉面。

类型：钧窑
产地：河南
时代：12—13世纪
最宽处尺寸：43.6mm

　　NO.905可以算是灰蓝釉的钧窑。这一釉面并不典型，仅仅是工艺误差的
产物。只要是乳浊釉，就容易出现非典型的釉面。这一片有种朦胧的，逐渐远
离的，让心里感到一阵冰凉的气质。白色的斑点像雪花——不是真正的雪花，
而是心里的雪花。

NO.905 局部

NO.906 展示了钧窑釉面较常出现的"蚯蚓纹"——像蚯蚓在土里穿行留下的线条。这是釉料密度不均造成的。

类型：钧窑
产地：河南
时代：12—13 世纪
最宽处尺寸：78.0mm

　　NO.906 展示了钧窑釉面很容易出现的
"蚯蚓纹"。釉面有点干涩，通常是温度偏
差的产物，其质感类似后世的"炻器"。

NO.906 局部

NO.906 局部

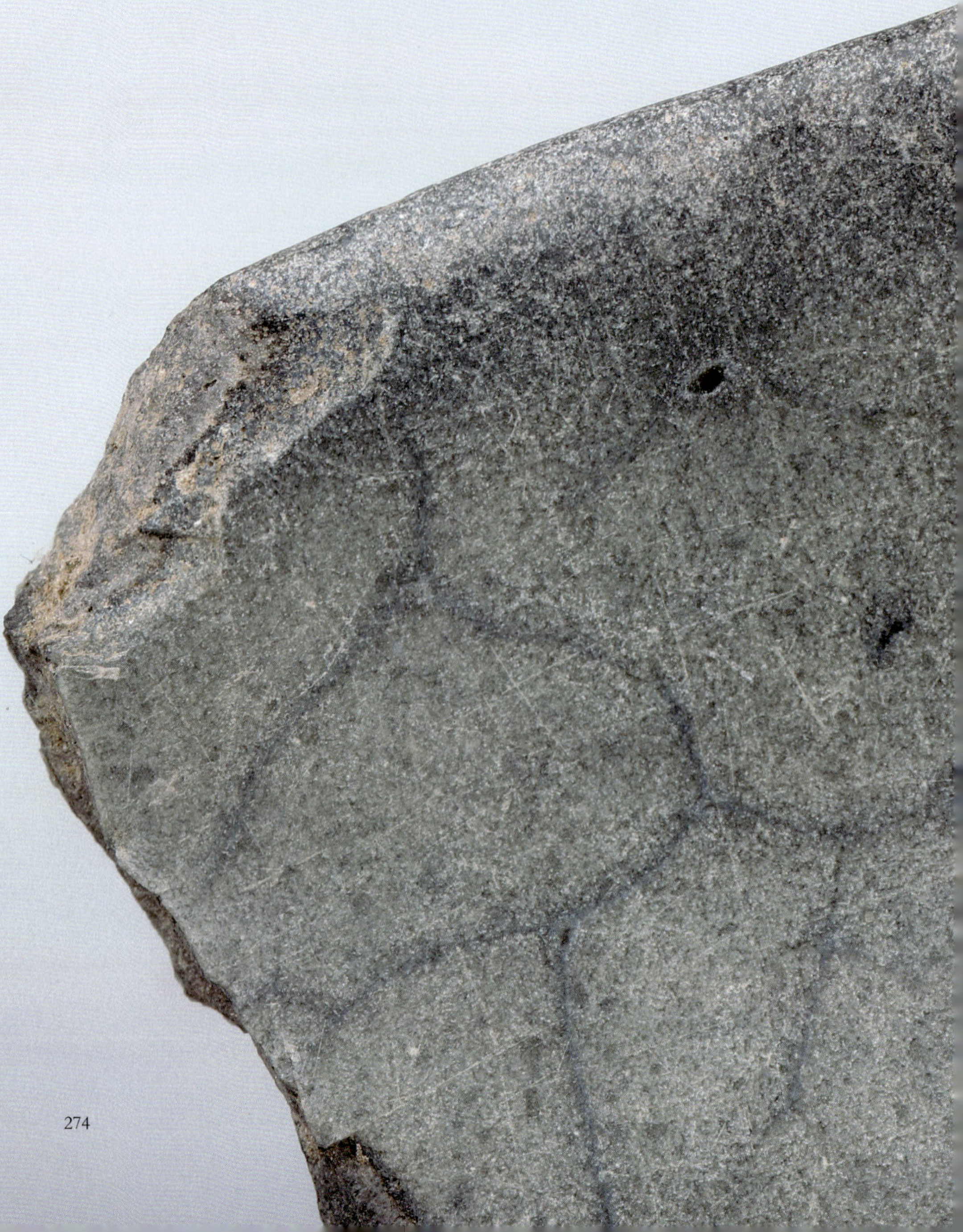

NO.907 拥有宝石般蓝色的钧窑釉面。这种蓝色调的钧窑十分常见，成因不明，也许和后来的青花瓷使用进口钴料一样，受到了阿拉伯美学的影响。

类型：钧窑
产地：河南
时代：12—13 世纪
最宽处尺寸：83.3mm

    NO.907 的釉面相对轻薄而脆弱，加上孔雀蓝一般的釉面，也是金王朝之后的工艺特征。这一片的特别之处在于它非常蓝。在我见过的不计其数的钧窑瓷片里，这一片的蓝色饱和度是最高的。它有了一种类似蓝宝石的质感，又比宝石脆弱得多。釉面气孔很多，承托出流动感。

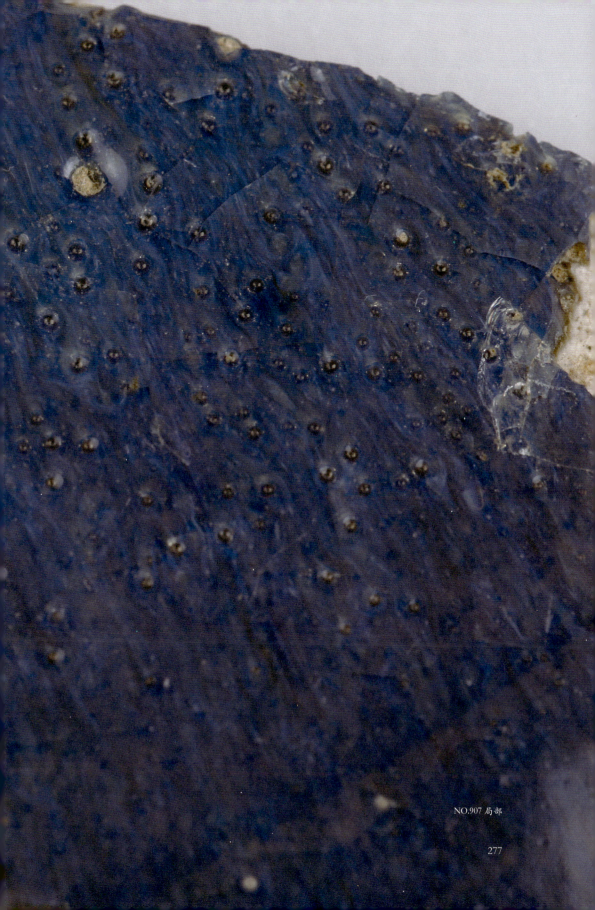

NO.907 局部

NO.908 拥有墨绿色斑点的钧窑釉面，也属于非典型釉面，但凸显了钧窑的典型质感和俏皮气质。

类型：钧窑
产地：河南
时代：12—13 世纪
最宽处尺寸：51.1mm

　　NO.908 上有一块墨绿色的斑点。红斑常见，墨绿斑反而特别，不知道是当时哪座窑场的发明。它看起来像某种糯米制作的软糕，也像某种地质现象。

　　后面还有各种各样的钧窑，就不一一介绍了。总之，钧窑的美不像汝窑、官窑或建窑那样，来自极尽精密之后的概率。钧窑是简单、丰富而又可爱的。偶尔，钧窑也会变得深邃而忧郁，就像晴天变成了阴天。

NO.909 釉面有墨绿色细纹，是釉面在窑内流动留下的痕迹。

类型：钧窑
产地：河南
时代：12—13 世纪
最宽处尺寸：49.6mm

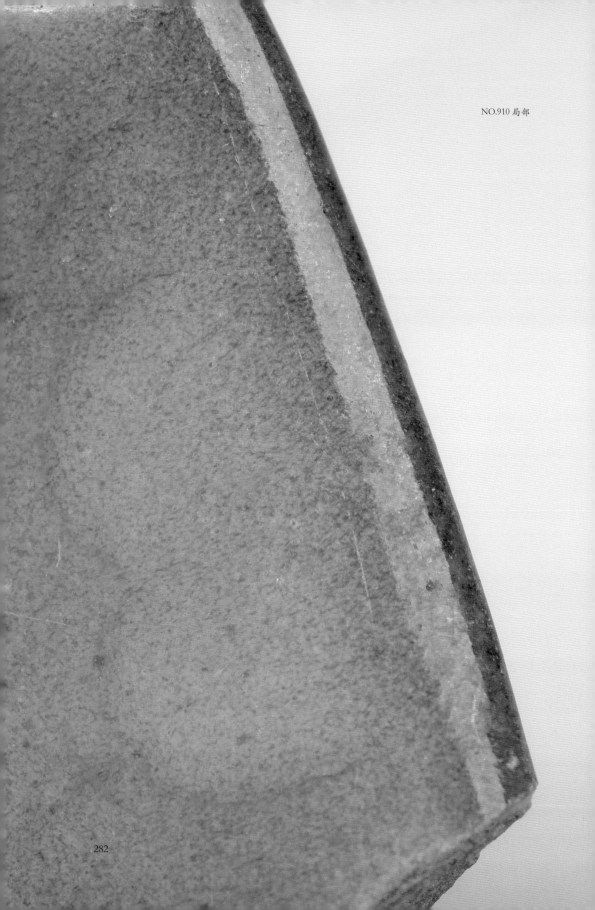

NO.910 局部

NO.910 另一片灰蓝色的钧窑釉面，上面有釉面扩散不均匀留下的斑点。

类型：钧窑
产地：河南
时代：12—13 世纪
最宽处尺寸：54.4mm

其他一些常见的金王朝或更晚期的钧窑釉面

NO.911

类型：钧窑
产地：河南
时代：12—13 世纪
最宽处尺寸：63.3mm

NO.912

类型：钧窑
产地：河南
时代：12—13 世纪
最宽处尺寸：48.5mm

NO.913

类型：钧窑
产地：河南
时代：12—13 世纪
最宽处尺寸：58.3mm

NO.914

类型：钧窑
产地：河南
时代：12—13 世纪
最宽处尺寸：75.3mm

附图 901：这只金代钧窑小盏也是通体蓝釉，但展现了极忧郁且多变的灰蓝色，且无气孔，釉面更加顺畅，在自然光下捉摸不定。这种器型如今有"泡泡盏"这一独特的称呼，形容其轻巧玲珑。

NO.901 局部，与金王朝时期的钧窑釉面有明显不同。

结语

宋瓷：优雅文明的物证

一、文明与历史的真相

自然的造物之美，是不需要故事的，也是不变的，就像今日的阳光和人类出现之前的阳光并无二致。而人类的造物之美，都与人类的故事有关，这是它们被欣赏的基础。宋瓷的美连接着一整个文明。很多人知道，宋代是一个崇尚美的时代，有最好的文人和艺术家，但宋代绝不仅仅如此，它也是人类文明的一个黄金时代。这个时代应该有的故事，即便在许多熟知历史之人那里，也超出了想象。这是宋瓷在今天显得落寞和孤单的原因。

公元 614 年，隋炀帝杨广接受了婴阳王的请降，结束了对高丽的战争。虽然隋王朝的统治在不断的征战中接近尾声，但南北朝以后，作为刚刚融入了众多新民族的帝国，中国的统一局面得到了稳固，预示着唐宋大繁荣的开始。同年，穆罕默德在阿拉伯半岛以先知的身份出现，宣讲伊斯兰教义，引领了伊斯兰文明的崛起。

在此前的两百年，欧洲已经进入了黑暗时代。整个希腊罗马文明已经跟随东罗马帝国（也就是拜占庭帝国）的人口迁徙整体转移、东迁到小亚细亚半岛，并在那里与其他文明交融发展。

在唐太宗统治的 24 年（626-649），中国开始展现空前的强大与繁荣，疆域向西扩张至阿尔泰山和中亚地区。同时期，奥马尔一世的穆斯林军队先后占领了大马士革、耶路撒冷、两河流域大部、北非东部以及巴勒斯坦和埃及。

在公元 600 年以后，随着唐帝国的强盛、阿拉伯帝国的兴起以及东罗马帝国的繁荣，世界文明的核心汇集在欧亚大陆的东侧。

民族间的融合早已变得纷繁复杂；和当时的中国人一样，阿拉伯人也是由不同人种和民族构成的。拥有不同宗教背景和历史渊源的成员，在伊斯兰教和阿拉伯语之下统一起来，再以宗族为基本单位结合到一起。四大哈里发随后开创了辉煌的阿拉伯帝国时代。

据记载，穆罕默德是一个商人，而伊斯兰教义也是非常鼓励经商的。《古兰经》确定了投资的重要性，并规定了平等的契约责任，这实际上以更接近法理社会的观念，促进了国际贸易的发展与完善。不仅如此，穆罕默德还确立了契约经营的条款，并将汇票、信贷、保险、银行等金融制度系统化了。当然，这些并不都是他的发明，苏美尔人和萨珊人在伊斯兰教出现前已经在使用银行、汇票还有支票。在中东、印度和中国，非常先进的会计技术也已经出现。它们暗示了当时国际贸易的发达程度，而这一系列金融技术在很长时间里都被认为是意大利人在 11 世纪的发明。

不仅如此，穆斯林的哲学家还提出了"人是自由和理性的代表"这一思想，这直接影响了欧洲后来的宗教改革和人文主义理念。穆斯林科学家还确立了科学基于实验的思想。这一思想过去被认为是欧洲人培根 (Roger Bacon) 在 13 世纪的发明，但在罗杰·培根的时代，"欧洲人实际上在推广阿拉伯人的 (科学) 实证方法"。[注1] 因此，即便对伊斯兰文明在数学、天文、医疗等方面无比巨大的贡献视而不见，伊斯兰国家也绝不是后世一些学者所形容的落后、暴虐、幽闭甚至邪恶的国度；相反，它们的出现保证了欧亚大陆的繁荣和稳定，并以极低的关税和各种优惠的对外政策，促进了以丝绸之路为代表的对外交往，将先进的思想和技术传播到各处；同时以中间人的身份，将中国的先进技术传播到东罗马帝国和更远的地方。

注 1: 见 Rober Briffault & Ziauddin Ahmad, *Muslim Contribution to Science*, Lahore: Kazi Publications, 1986:p.117。

同时代的中国也扮演着文明与思想先驱者的角色。随着新儒家思想的发展，尤其是其中心学和理学的发展，宋代成为人类历史上第一个具备脱离了宗教的现代性思想的时代。对这一问题的认知，也需要一点背景知识的追溯。

众所周知，汉代是一个"罢黜百家，独尊儒术"的时代，因为任何一个大一统的国家都需要一个统一的精神指向。在古代，这个精神指向往往是由宗教提供的，就像罗马帝国需要基督教，后来的唐王朝需要佛教和道教一样。在汉代中国，还没有一种普遍流行的宗教思想，因此儒家思想出于大一统的需要被宗教化了，这也是儒家被称为"儒教"的原因。孔子的形象和学说均被偶像化，已经和他的真实生平与个人想法没有了直接的联系。南北朝以后，随着佛教的传入和道教的兴起，宗教领袖成为新的思想领袖，而儒教逐渐走向了思想和信仰领域的边缘。到了唐代，禅宗的兴起，弱化了佛教的信仰色彩，强调个人的思考与领悟，究其本质，是一种将宗教思想去宗教化的努力。在一个没有系统化世俗思想的时代，这种去宗教化的努力也只能从佛教内部诞生：华严五祖圭峰宗密早在9世纪就提出了佛家、道家以及当时汉代遗留的儒家之间的相容性。而直到大约一百年后，他的这一思想才在净土宗六祖永明延寿的推广下得到了重视，并成为宋代新儒家思想的基础。

新儒家包含了不同的学派，它们的共同点很鲜明：以早期的周敦颐为代表，思想家们对《周易》和先秦学说进行了重新阐释，并建立了非宗教化的、世俗化的、以理性思辨为基础的崭新的世界观和价值观。这些思想里面包含了许多佛学尤其是禅宗的思想。比如什么是追求真理的目的，其答案就结合了大乘佛教中菩萨道的讲述——是为了普度众生，关怀天下。这些思想不仅以追溯的方式，确立了中华文明之线脉，也让全新的哲学体系由此诞生。无论心学、理学还是其他学派，当时的学者们都自称继承了儒家的思想，因此被后人统称为新儒家。

为什么要自称"儒家"呢？纵观所有哲学体系的发展，都是以对早期学说的注解和分析为基础的，就像18世纪的欧洲现代哲学也是建立在古希腊早期哲学的基础上，并以追溯的方式重塑了所谓"西方文明"的线脉一样。宋代的新儒家思想是以时代的发展为基础，建立在个人理性思辨基础上的哲学。这样的思想，无疑与欧洲启蒙时代的现代哲学一样，具有划时代的意义。关键的一点是，在宋代，相对于"佛"和"道"，世俗化的哲学还没有自己的名字——"哲学"一词当时还未在中国出现。为了给这类思想找到足以与"佛"或"道"相提并论的合法性，并强调自身与过去的经典之间的关联，"儒家"这个词就被重新引入了。这时的所谓"儒家"，指的是世俗化的哲学体系，而不再是汉代那个被宗教化的"儒教"。因此，"儒家"在宋代，就是"哲学"甚至"现代哲学"的代名词。到明代以后，随着皇权专制的加强，新儒家思想逐渐失去了活力，被压缩为封建礼教的教条和控制思想的工具，宗教色彩也重新回归。但是，不能就此认为新儒家思想是为了封建礼教而生的——就像柏拉图的思想也曾被希特勒利用一样。需要注意的是，对新儒家与哲学关系的理解，一直持续到五四运动时期"哲学"一词刚刚传入的时候——当时，如果有学者不明白"哲学"的含义，通常的解释便是："哲学就是西方的儒家。"现在，随着概念和思维习惯的转变，本文有必要重新阐明："新儒家就是东方的哲学。"

这种哲学的产生，基于一个更深的背景：宋代的文明，无论从思想还是社会层面来看，都具备了现代主义的性质。当然，有学者会质疑此说，因为宋代的封建皇权统治并未发生根本的变化。这种观点忽视了一点：宋代中国已经由唐代及更早的贵族社会进入了市民社会，整个国家的权力结构发生了根本性的变化。这种变化虽然没有触及皇权专制，但皇权的消失仅仅是狭义的欧洲现代主义变革中的标志。作为一种现象，它并不能在还原了具体背景的历史现实中衡量变革本身的深刻与否。

"现代主义"这个概念，如果抛开在欧洲历史中特定的背景和地域概念，究其基础，包含了以下四个因素：从思想、民族、宗教、文化身份等方面进行的，对国家现有的文明传承的梳理和反思；对世俗化的世界观以及对真理道德良知等价值观的重新确立；对个人生命、思想等方面权利和价值的启蒙与认可；对宏观的历史与社会层面的进步与创造的强调。宋代的文明与文化无疑是具备这些特征的。

正因为如此，宋代的新儒家在许多方面深刻地影响甚至直接促成了欧洲17世纪的早期现代主义运动，也就是启蒙运动。除了自然与理性的关系对启蒙思想影响深远之外，还有很多具体的案例，较为著名的一个便是亚当·斯密的自由市场理论，实际上来自"无为而治"的思想——"自由放任"这一概念就是英文对"无为"一词的直接翻译。根据约翰·霍布森（John Atkinson Hobsen）的评价：在17世纪，如果一位欧洲思想家不谈及中国，就像一位当代中国的思想家不谈及欧洲一样，是不可想象的。

宋代中国除了思想和文化艺术高度发达之外，在航海、军事、农业、税收、印刷、商品经济等方面也都取得了革命性的进展。最需要注意的是，罗伯特·哈特威尔（Robert Hartwell）在发表的《十一世纪中国钢铁工业的市场、技术及企业结构》一文中，论证了中国宋代钢铁革命的存在。他提供了详细的分析数据——在宋神宗熙宁十一年，也就是公元1078年，中国的铁产量达到12.5万吨；而英国在1788年，也就是工业革命开始约20年之后，铁产量也只有7.6万吨。1080年，中国的铁与稻米的价格比率是177:100，说明铁的价格非常低。那时中国已经在使用煤炭，而英国直到工业革命后才开始使用。[注2] 宋代奠定的钢铁技术优势一直保持到鸦片战争后：英国在1852年发明了"转炉炼钢法"，这一重要技术直接来自对到访的中国炼钢技师的学习。[注3] 这些情形揭示了中国古代工业发展的冰山一角。如果回想英国的圈地运动，就不难理解钢铁工业所需要的大量基础设施、技术以及人力保障。它足以提示人们重新想象宋代中国的基本面貌，那里绝不仅仅有山水花鸟而已。

不难看出，在13世纪以前，欧亚大陆上的国家已经发展出高度的文明，它们通过思想和物质的交流，而不是战争，紧密地联系在一起，并且在更深的程度上相互依赖。同时，各种贸易情况和数据表明，从公元600年开始，阿拉

注 2: 见 Robert Hartwell, "Markets, Technology, and the Structure of Enter-prise in the Development of the Eleventh Century Chinese Iron and Steel Industries", *Journal of Economic History* 26 (1966), p.29—58。

注 3: 见 Robert K.G Temple, *The Genius of China*, Simon & Schuster, 1986, p.49。

伯人、波斯人、犹太人、非洲人、爪哇人、印度人以及中国人，已经创立了由陆地与海上交通构成的全球化经济模式。他们将自己的繁荣传播到更远的地方，并奠定了近现代文明的一切基础。

在同一时期，直到公元751年加洛林王朝建立以及八九世纪意大利城邦国家出现，欧洲才以极落后的身份和无足轻重的规模，加入全球化网络。威尼斯的崛起就是这一情况的最真实写照。13世纪后，埃及控制了意大利城邦通往亚洲的海上航线，并由此控制着欧洲的贸易规则。直到这个时候，欧洲与外界的联系仍然是非常稀少的。威尼斯在14世纪与苏丹签订条约，才得以在中东穆斯林制定的贸易规则下，借助埃及的亚历山大港，与东方的国家进行贸易。威尼斯唯一能够获利的对外交流方式，就是依靠埃及的贸易地位，进入一个由东方国家所主宰的世界体系。威尼斯一座城市帮助了整个欧洲的经济复苏，因为"欧洲贸易只是由于东方商品经过意大利传入欧洲才最终成为可能"[注4]，威尼斯也由此成为当时欧洲最重要和最繁华的城市。不仅如此，丝绸之路所传递的思想、制度以及各种科学技术，也通过威尼斯进入欧洲，"这些资源组合使得'意大利人'的各种经济和航海革命成为可能，他们本来没有理由以此而闻名"。[注5]这些资源也是帮助意大利在14世纪开始文艺复兴的关键因素。对于欧洲的落后情况，卡罗·奇波拉(Carlo Cipolla)曾说："虽然地理知识在公元700年至1000年间不断丰富……但阿拉伯的地理学家对欧洲不感兴趣，不是因为存在一种敌视的态度，而是因为那时的欧洲没有任何能让人产生兴趣的地方。"[注6]

当然，寻找过去的历史并不是为了某种虚无的优越感。必须正视的事实在于，欧洲在13世纪以后的发展，完全是以后来者的身份，依赖一个东方国家所构建的成熟文明网络。这些历史提示人们，世界文明总是在一种相互依赖的

注4: 约翰·霍布森，《西方文明的东方起源》，孙建党译，山东画报出版社，2009年，p.106。约翰·霍布森的论述在很大程度上启发了本章节的写作。

注5: 同上，p.107。

注6: 同上，p.89。

体系中共同存在的,这种共存的深刻性超出了一般社会学或政治学的字面意义。可是,五四运动以来,中国学者常常根据百年来中国衰落和欧洲崛起的事实,相信西方中心主义的观点,认为所谓"西方"具有一系列天然的先进性,例如理性、自由、进步、工业化等等;这些特性让西方以一种神话英雄般的方式,独立发展出一套先进的思想、科技以及经济体系,完成了从希腊文明到文艺复兴再到工业革命的进步。而所谓"东方"则具有天然的落后性,例如专制、非理性、停滞、农业化等等;这些特性可以让"东方"的落后成为一种必然,一切或大或小的成就都被忽视,甚至故意抹杀,让它们仅仅成为必然结果之前的无足轻重的过程。如果这样的逻辑成立,那么一位身处 12 世纪的穆斯林或者中国学者,完全可以根据当时的事实,将所有这些天然特性在东西方之间对调,并给出无比充分的证据。但这是没有意义的,每个文明的发展都有各自的起伏,如同四季变迁般自然;没有人可以根据眼前的短暂经验,去随意总结延绵数千年的故事。

如果宋瓷值得被欣赏,它所提醒的首先是文明与历史的真相本身。它所牵连的是一个真实而充满生机的文明,而不是今天常见的书写所渲染的,一个所有优点都只成了失败的原因,一个仅仅为了落后与腐朽而生的,具有"东方情调"、可疑玄学与四大发明的糟糕国度。

更重要的是,"东方"与"西方"这对概念是在 17 世纪的"启蒙运动"之后,欧洲学者在塑造欧洲身份的时候提出的。它生硬地把世界分成了两半,由此可以更加方便地总结各自的优劣,并塑造一个"西方"从希腊时代就开始崛起的神话,把"东方"变成一个与之反衬的他者。但 17 世纪之前,欧亚大陆上的文明交流已经超过一千五百年,那里从没有"东方"与"西方",只有罗盘所指的方向,无数的高山、河流、草原、海洋所构成的风景,以及人在其中的足迹。如果理性是现代文明的重要元素,那么它绝不意味着用概念去掩埋这个世界,而是看到它原本的样子。

宋代的高度文明,它在当时世界所处的位置,及其现代化的状态与意识形态,正是宋瓷美感的源头。宋瓷所代表的不是"东方",也不是"古代",它是一个充满朝气的优雅文明所留下的物证。这些瓷片在破碎之后更加纯粹的状态以及它们所重现的细节，都提示着人类对美的追求所能达到的极致，以及背后驱动这一切的精神世界。它们是如此美好，以至于无法让今天的人们停留在对往昔的追忆里，而是从广阔的时空图景中重拾信心，并意识到今天的一切与天地宇宙之间的永恒联系。一切当代的焦虑和挑战，无论看起来如何，都无法阻挡人对美好事物的天生热爱。

二、审美与传统

审美是非常个人化的行为，对美的判断也是如此。但是，美仍然有自身的尺度。尺度不能决定个人的好恶，也不能判断作品的好坏；但是，它可以展现被衡量的对象所揭示的内涵以及所跨越的时空。每个事物都可以用不同的尺度去看待，而宋瓷的特别之处在于，它可以存在于追问最深、跨度最广的尺度当中。因此，即便对今天的当代艺术研究而言，宋瓷仍然是一个无法取代的参照。

从晚唐开始，历经五代，直到北宋，中国社会完成了从贵族社会向市民社会的转型，并逐渐诞生了具备现代主义性质的思想。正如 19 世纪的欧洲现代主义思潮催生了人们熟知的印象派、表现主义、立体派等许多现代主义艺术流派一样，在宋代新儒家思潮的支撑下，艺术家们也脱离了艺术的宗教性，转而进行个人化的表达。从五代开始逐渐成熟的山水风景画就是这种表达的代表。

在谈论中国古代风景画的时候，人们常常谈及其中所表现的自然观、世界观、笔墨规范以及所蕴含的中国文化传统。但是，在这样的认知方式里，山水画仅仅被看作固有的、从来就存在于中国文化中的整体。山水画的诞生没有被放置于它所处的真实时代背景中。最为关键且明显的一个因素被忽视了：与它诞生之前的中国绘画相比，山水画家拒绝让作品服务于宗教，拒绝在画面中进行任何与宗教或个人有关的叙事；绘画不再是讲述神话传说、佛教故事、民间传说、帝王功绩、传统礼仪或画作赞助人生平事迹的工具，而是成为艺术家表达个人世界观和精神世界的手段。艺术由此脱离了宗教层面的功能性，变成个体化思想与存在状态的载体。可以说，宋代的山水画，本身就是现代主义性质的艺术。这种转变所带来的冲击，不亚于现代艺术最初带来的冲击。第一次看到山水画和抽象画的人会问同一个简单而意味深长的问题："这画是什么意思？"最初的山水画也会像最初的现代艺术那样，被当时的大多数权威当作异端来排斥。

从今天的视角来看，山水画的世界观似乎是统一的，对它们的各种形容，都来自一个模糊的"儒家思想"或者"中国传统"。实际上，正如现代主义艺术的各个流派展示了不同的世界观与思想一样，五代北宋以来的山水画，也展示了新儒家不同学派以及不同的个人理解所带来的、截然不同的世界观，这是它们不同风格的根本由来。关于这一点，冈田武彦等学者也曾经给出过详细的分析。

与新儒家思想影响了欧洲启蒙运动的现代哲学一样，中国的山水画也相应地影响了启蒙运动时期欧洲艺术的发展。一个最直接的例子便是：启蒙运动之后，欧洲终于也出现了以纯粹的自然风景为题材的绘画——其中或许也会出现人物的形象，但和中国山水画中的人物一样，处于非常次要的点缀性的位置。这些欧洲的山水画常常连基本的主题都和中国山水画一致：表达艺术家对作为个体的自我与自然之间独特关系的认知。无论浪漫主义还是新古典主义，欧洲当时的重要艺术形态也都谈及了对自然的认知方式。这个话题是人类从宗教走向自由思想的必经之路。

宋代艺术之所以成为更为广阔的世界文明与文化之流变中的一部分，就在于它为人类提供了审视自身与世界的契机。它不是基于任何既有的、封闭的文化线索或者审美趣味的一时之作，而是植根于宋代社会和文明形态的变革。它们的美感源于文明形态在变革时产生的活力。这种活力可以脱离自身的时代背景，让人发现存在于自我与世界之间的，更为基础、更为深刻的联系，并由此为后世提供了取之不尽的灵感。因此，宋代艺术虽然理所当然是典型的中国艺术，却不是任何规范的中国艺术。

通过这样的梳理，我希望读者能在中国五代和北宋时期的山水画中，看到那个时代某种基础性的真实。它们所展示的，并不是任何定型的传统，而是新思想诞生之时所独有的、文明与文化的无限生机。它们来自爆发式出现的无尽灵感，充满力量的创造，以及争先恐后的、个人英雄式的思想和艺术探险。

在历史的书写中，文明永远是被追溯的。例如，在古希腊或者古罗马帝国，没有一位学者会说"我们处于西方文明的开端"或者"我们需要为西方文明打下基础"。在启蒙运动之后，"西方文明"才逐渐成为一个概念，它过往的点滴流变才被连缀为一个整体，被书写和固定；而"中华文明"作为一个整体，拥有了完整的样貌，正是在宋代。可以说，当一个文明具备了自觉意识的时刻，也就是将自己文而明之的时刻，才算是迎来了属于自己的世界和自己真正的开端。这样的时刻是艺术与文化的黄金时刻。

宋瓷就诞生于这一时刻。它们的美不属于任何既有的传统。它们存在于令一个伟大的"传统"得以形成的时空与活力的流转中。它存在于这样的尺度里。

索引

NO.307-2

78 页

类型：不明
产地：不明
时代：11—13 世纪
最宽处尺寸：51.9mm

NO.402

99—101 页

类型：白瓷
产地：定窑
时代：12—13 世纪
最宽处尺寸：96.0mm

NO.307-3

79 页

类型：红绿彩
产地：当阳峪窑
时代：12 世纪—13 世纪初
最宽处尺寸：82.2mm

NO.403

102—104 页

类型：白瓷
产地：定窑
时代：12—13 世纪
最宽处尺寸：139.9mm

NO.308

80—81 页

类型：绞胎工艺
产地：当阳峪窑
时代：北宋（960—1127）
最宽处尺寸：90.2mm

NO.501

112—115 页

类型：官窑
产地：老虎洞
采集地点：南宋皇城遗址
时代：南宋（1127—1279）
最宽处尺寸：96.7mm

NO.308-2

82—85 页

类型：绞胎工艺
产地：巩县窑
时代：唐（618—907）
最宽处尺寸：145.8mm

NO.501-2

116 页

类型：官窑
产地：老虎洞
采集地点：南宋皇城遗址
时代：南宋（1127—1279）
最宽处尺寸：41.2mm

NO.309

87—89 页

类型：青瓷
产地：不明
时代：五代—北宋（10—12 世纪）
最宽处尺寸：51.1mm

NO.501-3

117—118 页

类型：官窑
产地：郊坛下
采集地点：南宋皇城遗址
时代：南宋（1127—1279）
最宽处尺寸：59.1mm

NO.309-2

90—91 页

类型：青瓷
产地：不明
时代：五代—北宋（10—12 世纪）
最宽处尺寸：51.6mm

NO.501-4

119—121 页

类型：官窑
产地：老虎洞
采集地点：南宋皇城遗址
时代：南宋（1127—1279）
最宽处尺寸：42.8mm

NO.401

96—98 页

类型：白瓷
产地：定窑
时代：北宋（960—1127）
最宽处尺寸：74.8mm

NO.502

123—125 页

类型：官窑
产地：老虎洞
采集地点：南宋皇城遗址
时代：南宋（1127—1279）
最宽处尺寸：61.9mm

NO.503

126—129 页

类型：官窑
产地：不明
采集地点：南宋皇城遗址
时代：南宋（1127—1279）
最宽处尺寸：61.2mm

NO.504

130—133 页

类型：官窑
产地：老虎洞
采集地点：南宋皇城遗址
时代：南宋（1127—1279）
最宽处尺寸：80.5mm

NO.505

134—137 页

类型：官窑
产地：不明
采集地点：南宋皇城遗址
时代：南宋（1127—1279）
最宽处尺寸：69.5mm

NO.506

138—141 页

类型：官窑
产地：老虎洞
采集地点：南宋皇城遗址
时代：南宋（1127—1279）
最宽处尺寸：79.1mm

NO.506-2

142—143 页

类型：不明
产地：老虎洞
采集地点：不明
时代：南宋（1127—1279）
最宽处尺寸：49.5mm

NO.507

144—149 页

类型：官窑
产地：老虎洞
采集地点：南宋皇城遗址
时代：南宋（1127—1279）
最宽处尺寸：83.3mm

NO.507-2

150 页

类型：官窑
产地：郊坛下
采集地点：官窑郊坛下窑场故址
时代：南宋（1127—1279）
最宽处尺寸：41.4mm

NO.507-3

150 页

类型：官窑
产地：郊坛下
采集地点：官窑郊坛下窑场故址
时代：南宋（1127—1279）
最宽处尺寸：35.1mm

NO.508

152—153 页

类型：官窑
产地：老虎洞
采集地点：南宋皇城遗址
时代：南宋（1127—1279）
最宽处尺寸：56.1mm

NO.508-2

153 页

类型：官窑
产地：不明
采集地点：南宋皇城遗址
时代：南宋（1127—1279）
最宽处尺寸：46.0mm

NO.509

154—157 页

类型：官窑
产地：郊坛下
采集地点：官窑郊坛下窑场故址
时代：南宋（1127—1279）
最宽处尺寸：79.6mm

NO.509-2

158 页

类型：官窑
产地：郊坛下
采集地点：官窑郊坛下窑场故址
时代：南宋（1127—1279）
最宽处尺寸：71.0mm

NO.509-3

159—160 页

类型：官窑
产地：郊坛下
采集地点：官窑郊坛下窑场故址
时代：南宋（1127—1279）
最宽处尺寸：28.6mm

NO.509-4

161—163 页

类型：官窑
产地：老虎洞
采集地点：官窑老虎洞窑场故址
时代：南宋（1127—1279）
最宽处尺寸：69.9mm

NO.601

168—171 页

类型：石灰碱釉
产地：龙泉窑大窑区窑场
时代：南宋（1127—1279）
最宽处尺寸：78.5mm

NO.607

186—189 页

类型：石灰碱釉
产地：龙泉窑
时代：南宋（1127—1279）
最宽处尺寸：68.9mm

NO.602

173 页

类型：石灰碱釉
产地：龙泉窑大窑区窑场
时代：南宋（1127—1279）
最宽处尺寸：99.7mm

NO.608

190—191 页

类型：石灰碱釉
产地：龙泉窑
时代：南宋（1127—1279）
最宽处尺寸：83.3mm

NO.602-2

174—175 页

类型：石灰碱釉
产地：龙泉窑大窑区窑场
时代：南宋（1127—1279）
最宽处尺寸：78.1mm

NO.609

192—193 页

类型：石灰碱釉
产地：龙泉窑
时代：南宋（1127—1279）
最宽处尺寸：132.5mm

NO.603

176 页

类型：石灰釉
产地：龙泉窑
时代：13—14 世纪
最宽处尺寸：75.2mm

NO.610

194—197 页

类型：石灰碱釉
产地：龙泉窑溪口区窑场
时代：南宋（1127—1279）
最宽处尺寸：81.0mm

NO.604

177 页

类型：石灰碱釉
产地：龙泉窑大窑区窑场
时代：南宋（1127—1279）
最宽处尺寸：63.7mm

NO.611

198—199 页

类型：石灰碱釉
产地：龙泉窑小梅区窑场
时代：南宋（1127—1279）
最宽处尺寸：72.9mm

NO.605

178—179 页

类型：石灰碱釉
产地：龙泉窑大窑区窑场
时代：南宋（1127—1279）
最宽处尺寸：106.6mm

NO.612

200 页

类型：青瓷
产地：龙泉窑金村区窑场
时代：北宋（960—1127）
最宽处尺寸：99.2mm

NO.606

180—183 页

类型：石灰碱釉
产地：龙泉窑大窑区窑场
时代：南宋（1127—1279）
最宽处尺寸：91.6mm

NO.613

201 页

类型：石灰釉
产地：龙泉窑金村区窑场
时代：北宋（960—1127）
最宽处尺寸：160.3mm

NO.701

206—208 页

类型：黑釉窑变
产地：建窑
时代：南宋（1127—1279）
最宽处尺寸：79.0mm

NO.702

209—211 页

类型：黑釉窑变
产地：建窑
时代：南宋（1127—1279）
最宽处尺寸：78.5mm

NO.703

212—215 页

类型：黑釉窑变
产地：建窑
时代：南宋（1127—1279）
最宽处尺寸：98.7mm

NO.704

219—220 页

类型：黑釉窑变
产地：建窑
时代：南宋（1127—1279）
最宽处尺寸：73.7mm

NO.705

221—222 页

类型：黑釉窑变
产地：建窑
时代：南宋（1127—1279）
最宽处尺寸：75.6mm

NO.706

223—225 页

类型：黑釉窑变
产地：建窑
时代：南宋（1127—1279）
最宽处尺寸：117.6mm

NO.707

226 页

类型：黑釉
产地：建窑
时代：南宋（1127—1279）
最宽处尺寸：97.4mm

NO.708

228—229 页

类型：黑釉
产地：建窑
时代：南宋（1127—1279）
最宽处尺寸：92.2mm

NO.801

238—241 页

类型：吉州窑
产地：吉州窑 永和片区窑场
时代：南宋（1127—1279）
最宽处尺寸：66.9mm

NO.802

243—244 页

类型：吉州窑
产地：吉州窑 永和片区窑场
时代：南宋（1127—1279）
最宽处尺寸：76.0mm

NO.803

245—249 页

类型：吉州窑
产地：吉州窑 永和片区窑场
时代：南宋（1127—1279）
最宽处尺寸：96.5mm

NO.901

257 页

类型：钧窑
产地：神垕窑场
时代：不明
最宽处尺寸：168.5mm

NO.902

258—262 页

类型：钧窑
产地：河南
时代：12—13 世纪
最宽处尺寸：153.7mm

NO.903

263—264 页

类型：钧窑
产地：河南
时代：12—13 世纪
最宽处尺寸：52.4mm

NO.904

265—267 页

类型：钧窑
产地：河南
时代：12—13 世纪
最宽处尺寸：58.9mm

NO.911

284 页

类型：钧窑
产地：河南
时代：12—13 世纪
最宽处尺寸：63.3mm

NO.905

268—271 页

类型：钧窑
产地：河南
时代：12—13 世纪
最宽处尺寸：43.6mm

NO.912

284 页

类型：钧窑
产地：河南
时代：12—13 世纪
最宽处尺寸：48.5mm

NO.906

272—275 页

类型：钧窑
产地：河南
时代：12—13 世纪
最宽处尺寸：78.0mm

NO.913

284 页

类型：钧窑
产地：河南
时代：12—13 世纪
最宽处尺寸：58.3mm

NO.907

276—277 页

类型：钧窑
产地：河南
时代：12—13 世纪
最宽处尺寸：83.3mm

NO.914

284 页

类型：钧窑
产地：河南
时代：12—13 世纪
最宽处尺寸：75.3mm

NO.908

278—279 页

类型：钧窑
产地：河南
时代：12—13 世纪
最宽处尺寸：51.1mm

NO.909

280—281 页

类型：钧窑
产地：河南
时代：12—13 世纪
最宽处尺寸：49.6mm

NO.910

282—283 页

类型：钧窑
产地：河南
时代：12—13 世纪
最宽处尺寸：54.4mm

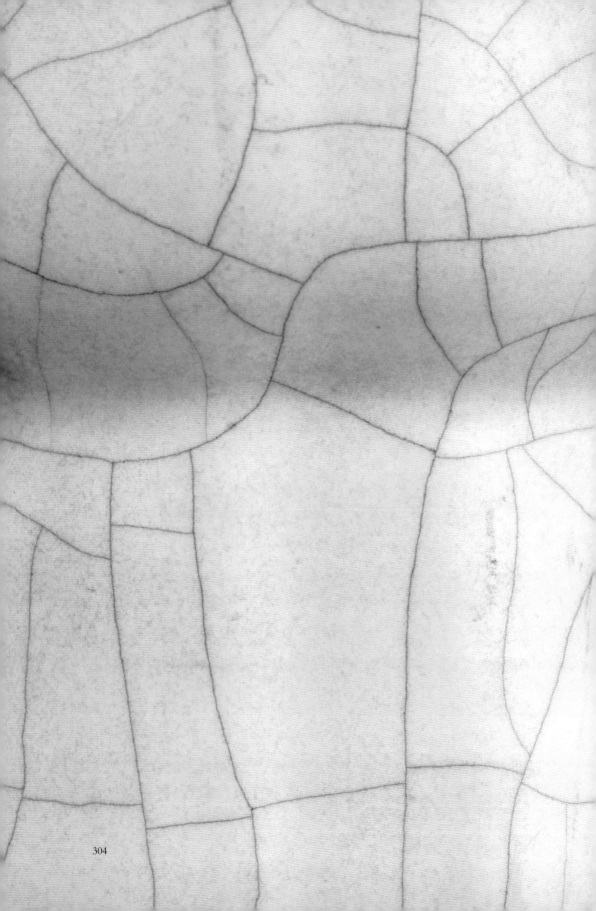

致谢

　　我想在这里感谢每一位帮助和支持过此书出版的人，按照这本书诞生的过程，首先是我的宋瓷启蒙老师颜艺澄先生、无条件支持我的成都千高原艺术空间和深圳 ZL Art Studio 工作室，以及我的助手张思齐女士和黄汐女士，还有摄影师兼设计师郭海宁先生。没有他们，这本书根本无从准备。然后，我要谢谢设计师吴晓兵先生，谢谢把我引荐给上海三联书店的查常平先生，以及出版社的黄韬先生、匡志宏女士、李巧媚女士，还有装帧设计师 Shin 先生，能和这么棒的出版人一起准备这本书，真是令人兴奋。我还想特别感谢我的忘年交，这本书的赞助人余亭先生。最后，还要感谢本书的推荐人仇国士先生、韦九谷先生、叶怡兰女士。

　　谢谢每一位读者。

许 晟

2019 年 11 月

再版后记

许 晟

有关宋代瓷器的书籍很多，但很少有梳理其美学脉络的，所以这本书的初衷，就是完整呈现宋瓷背后的审美倾向、思想背景及其变迁。美学、哲学以及心理学，最大的相似之处，在于它们都是非理性的，既无法被证实，也无法有统一的标准；而且，它们都不局限于固定的领域，而是包罗万象。于是，这类研究容易变得虚伪，成为对自身或他人权威的塑造。随着时代的发展，审美与思想，在理性和资本的对比下，变得似乎可有可无。可是，当科学取代了想象，技术取代了心灵之后，世界并没有变得更好。这个问题，在第一次世界大战之前就已经被提出，如今，问题只是变得更加显而易见。美的道路就是人的道路，审美的变化，往往是一个时代集体无意识的表征。在形式和材料里，意识的流动是无形而真实的，它是经验化的存在，又展现出形而上的结构。这种流动在时间的沉淀之后会更加明显。所以，看见过去的美，不是为了怀旧，而是为了更完整地看见这个世界。它是由意识、现象和各种远超理性之上的存在共同组成。

《遇见宋瓷》的第一版在 2020 年初问世；2021 年，三联书店（香港）出版了它的繁体字版本，内容并无变动。其间该书收获了许多读者的好评，得益于上海三联书店的支持，我又完成了《新思想的黎明》一书。几年后，当我再看《遇见宋瓷》，发现里面的文字还是不够好，看来自己是在进步的，所以很高兴可以借再版的机会，在保持原内容的基础上修改一番。另外，原版的图录部分全由瓷片组成，缘由在前言部分已经说明。再版的时候加入了一些完整器物，有些是作为瓷片的视觉意象的延伸，有些则补充了原版没有提及的类型或衍生类型。书中还提及了少量欧洲现代瓷，对欧瓷的了解也为理解宋瓷的现代性提供了新的视角，在此要感谢咸鱼中古店主"@咬猫达人"为我提供的资料和帮助。

　　一本书的内容总是有限的，它所传达的东西根据读者个体的接受过程而变化。谨慎的写作方法是使用更多普遍化的理念或概念，或者借助某种已经被广为接受的范式。但是，审美关联着意识之下的潜流，它的传达以判断和想象为基础，无法具有自我辩证的能力。认真观看书里的瓷片或瓷器，就知道它当然不在纸上。这就像观想一轮落日，无比平常，无须形容，直到大地变成透明的水晶，其下是棱角分明的高塔与线条，如鲜花盛开。

图书在版编目（CIP）数据

遇见宋瓷 / 许晟著. —— 修订版. —— 上海：上海三
联书店，2025.1. —— ISBN 978-7-5426-8651-0

Ⅰ. G262.4；K876.34

中国国家版本馆CIP数据核字第2024A7T199号

遇见宋瓷（修订版）

著　　者 / 许　晟

责任编辑 / 李巧媚
装帧设计 / 吴小兵 ONE→ONE Studio
监　　制 / 姚　军
责任校对 / 王凌霄

出版发行 / 上海三联书店

　　　　　　（200041）中国上海市静安区威海路755号30楼
邮　　箱 / sdxsanlian@sina.com

联系电话 / 编辑部：021－22895517
　　　　　　发行部：021－22895559

印　　刷 / 上海雅昌艺术印刷有限公司

版　　次 / 2025年1月第1版
印　　次 / 2025年1月第1次印刷
开　　本 / 710mm×1000mm　1/16
字　　数 / 85 千字
印　　张 / 20
书　　号 / ISBN 978-7-5426-8651-0 / J·450
定　　价 / 128.00元

敬启读者，如发现本书有印装质量问题，请与印刷厂联系021－68798999